Odile Néri-Kaiser

Stefanie Dräger-Spence

Märchenwerkstatt Französisch

Freies Sprechen
und Erzählen im Französischunterricht
Sekundarstufe I und II

Ernst Klett Sprachen
Stuttgart

Märchenwerkstatt Französisch

Freies Sprechen und Erzählen im Französischunterricht
Sekundarstufe I und II

von

Odile Néri-Kaiser
Stefanie Dräger-Spence

1. Auflage 1 5 4 3 2 | 2014 13 12 11 10

Internetadresse: www.klett.de / www.lektueren.com

Redaktion: Malefi Cicu, Michèle Périgault
Layoutkonzeption: Elmar Feuerbach
Gestaltung und Satz: Sebastian Hutt, Stuttgart
Umschlaggestaltung: Elmar Feuerbach
Titelbild: istockphoto (Alija), Calgary, Alberta
Zeichnungen: Barbara Rinkler
Druck und Bindung: Medienhaus Plump GmbH, Rolandsecker Weg 33, Rheinbreitbach
Printed in Germany

ISBN 978-3-12-525655-2

Table des matières

Symboles

	Piste xx: Symbol CD
	Internet Recherchen und Online-Links
	Gruppenarbeit
	Partnerarbeit
*	Kreativität
	Differenzierung nach oben
➤ **KV XX**	Siehe Kopiervorlage x
-	*Frage Lehrer an Lernende*
o	*Antwort Lernende*

N'oubliez pas qu'en fin de « conte », c'est l'histoire qui va imposer les activités : plus l'histoire touchera le public, plus elle dénouera les langues. Plus vos élèves seront familiarisés avec les moyens « d'ouvrir les fenêtres sur l'imaginaire », ou si vous préférez, d'inviter les fées, plus ils auront de choses à dire, plus ils parleront. C'est l'histoire et la façon dont votre public va la réceptionner qui seront les déclencheurs véritables de la parole.

Peu à peu, c'est vous le professeur qui deviendrez auditeur, évitant de trop vite couper la parole, laissant passer certaines « erreurs » de langue quand elles ne menacent pas la compréhension. Acceptez la différence dans les interventions de vos élèves : certains donneront un mot, d'autres une phrase entière, d'autres discuteront vraiment ou raconteront. Ainsi peut rebondir et vivre la communication dans le groupe. L'important, c'est que le plus grand nombre d'élèves prenne la parole !... Vous pourrez les y aider parfois en leur donnant un mot, une expression, mais vous reprendrez plus tard les structures linguistiques, vous les ferez réviser et réactiver dans un autre contexte... Acceptez également de ne pas faire tous les exercices, ou de changer l'ordre des exercices proposés... ils ne sont là que pour vous indiquer des pistes possibles que vous expérimenterez. C'est précisément de la pratique que peut naître la parole authentique. C'est pourquoi, nous avons évité de proposer des révisions de structures grammaticales. Vous pourrez juger selon le niveau de la classe s'il est nécessaire d'en faire et quels points de grammaire devront être traités.

Mais revenons à l'essentiel, le plaisir d'entendre et de raconter... une histoire !
N'oubliez pas que vous avez invité les fées !

2 Bemerkungen zum pädagogisch-didaktischen Interesse der Behandlung von Märchen im Französischunterricht

a Grundsätzliche Überlegungen

Für kleine Kinder ist das Vorlesen und das Erzählen von Geschichten in ihrer Muttersprache z.B. im Kindergarten eine elementare Erfahrung, die sie weit mehr als nur den Inhalt lehrt: Sie lernen, konzentriert zuzuhören und Vorstellungsbilder ihrer eigenen Phantasie zu entwickeln. Sie erleben Empathie mit den Figuren der Geschichte und entdecken Gefühlskategorien wie Angst, Trauer, Freude oder Glück. Auch moralische Dimensionen von Gut und Böse werden ihnen durch Erzählungen vermittelt. Nicht zuletzt bindet sie ein solches Erlebnis affektiv an die Person, welche die Geschichten erzählt, und an die Einzelheiten der erzählten Begebenheit. Dies gilt auch für den Fremdsprachenerwerb. Wer im Anfangsunterricht schon einmal mit Liedern und Reimen gearbeitet hat, wird festgestellt haben, wie leicht sich Kinder diese Strukturen merken können – selbst wenn sie längst nicht jedes Wort, geschweige denn jede grammatikalische Konstruktion verstehen. Der Rhythmus, die Wortwahl und ggf. die Melodie machen die Sätze – auch in einer Fremdsprache – so eingängig, dass sie gut wiederholt werden können.
Es stellt sich die Frage, warum wir als Fremdsprachenlehrer diese insgesamt so positive und förderliche Lernumgebung nicht auch Kindern höheren Alters verfügbar machen. Selbstverständlich können wir sie mit Grimms Märchen nicht über die Maßen fesseln, doch bietet das frankophone Kulturgut eine Vielzahl von Erzählungen und Legenden, die sowohl jugendliche als auch erwachsene Zuhörer in ihren Bann ziehen.

b Die interkulturelle Dimension

Märchen transportieren nicht nur fiktive Inhalte, sondern reflektieren häufig reale regionale oder historische Gegebenheiten, die sich dem Zuhörer so leicht einprägen. Sie veranschaulichen sowohl die Gepflogenheiten und Lebensumstände des französischen Mutterlandes als auch anderer frankophoner Gegenden und vermitteln damit wertvolle kulturelle Einblicke. Wenn durch die Geschichten Ähnlichkeiten in den Reaktionen und Gefühlen der Menschen erkannt werden, entsteht möglicherweise sogar eine affektive Verbundenheit mit fern geglaubten Kulturräumen. Gewiss liegt es an der inhaltlichen Authentizität, dass die Geschichten und Legenden im Französischunterricht für die Lerner besonders ansprechend sind: Die erzählten Texte haben nicht das Ziel, grammatikalische Schwierigkeiten zu übermitteln und unterliegen keiner „Zwangs-Didaktisierung", die von den Zuhörern schnell als artifiziell entlarvt wird, sondern entstammen dem „wirklichen" Kulturgut des Landes. Ein Text, der sich nicht an einer bestimmten grammatischen Progression orientiert, dafür aber spannend ist und an die affektive Dimension appelliert, zudem womöglich noch eine moralische oder moralisierende Komponente enthält, ist die Anstrengung des Zuhörens wert und bietet echten Diskussionsstoff, der auch eine Lerngruppe höheren Alters weiterführt.

c Spracharbeit im Kontext

Es ist in der Regel nicht notwendig und auch in der realen fremdsprachlichen Kommunikation nicht gegeben, dass der Lernende jedes Wort versteht. Vielmehr wird er versuchen, den Kern der Mitteilung mit allen Sinnen zu erschließen. Er bedient sich des situativen Kontexts und der bekannten sprachlichen Elemente sowie der Gestik und Mimik seines Gegenübers – und lässt beiseite, was für die Aussage überflüssig erscheint.

Unter gegebenen Umständen ist leider nicht immer möglich, einen muttersprachlichen Geschichtenerzähler persönlich einzuladen, doch auch die auf CD verfügbare Geschichte hat einen großen fremdsprachendidaktischen Nutzen.

Besonders im Hinblick auf die aktuellen Anforderungen des „Gemeinsamen Europäischen Referenzrahmens für Sprachen (GER)" bietet sich die extensive Arbeit mit authentischen Texten an: Wie könnte man das Hörverstehen besser trainieren als mit Geschichten und Erzählungen? Auch außerschulische Zertifikate wie das DELF (Diplôme d'Études de Langue Française) legen Wert auf die *compréhension orale* nicht-didaktisierter Tondokumente – doch geht es dabei in der Regel um reines Sachverständnis inhaltlicher Fakten. In Ergänzung dazu ermöglichen *contes et légendes* Hörverstehensübungen, die neben inhaltlichen auch interpretative Fragen enthalten.

Nicht zu unterschätzen ist die längerfristige Konfrontation der Lerner mit authentischer Prosodie: Häufig bekommen sie durch das „Stückwerk" von Spracharbeit, die der traditionelle Unterricht leider oft nur erlaubt, gar nicht die Gelegenheit, zusammenhängende Texte mit ihrer typischen Sprachmelodie und Intonation zu hören.

Da in Fabeln und Märchen oft ganze Passagen wörtlich wiederholt werden, haben die Lerner in der Regel mehrfach die Chance, unbekannte Tonfolgen zu „entschlüsseln". Ist dies geschehen, können sie sie durch weitere Repetitionen immer stärker festigen und damit indirekt auch ihre eigene Aussprachefähigkeit verbessern. Die Wiederholungen ermöglichen dem Lerner auch in höherem Alter die Technik, die beim (Erst-)Spracherwerb im Kindesalter essentiell ist.

Auf die Bedeutung der affektiven Komponente beim Spracherwerb wurde ja bereits kurz eingegangen. Selbiges gilt für die Aneignung von Syntax und Lexik: Nur wenn man eine „Beziehung" zu einem Wort, einem Ausdruck, einer charakteristischen Wendung aufbauen kann, verankern sie sich auch langfristig im Gedächtnis. Somit stellt es keinerlei Problem dar, dass das in authentischen Geschichten verwendete Vokabular keinem vorgegeben *Niveau seuil* (o.ä.) gehorcht: Gerade die „ungewöhnlichen", die „besonderen" Begriffe und Sprachbilder sind interessant und können kontextbezogen am besten gemerkt werden.

Auch die Grammatik wird kontextgebunden verwendet und kann durchaus über den gelernten Stoff hinausgehen. Sollte es für das Verständnis notwendig sein, kann die Konstruktion kurz erläutert werden. Ansonsten ergibt sich im Verlaufe des Curriculums gewiss die Gelegenheit, die in bestimmten *contes* vorgefundenen grammatischen Erscheinungen noch einmal aufzugreifen und sie bei der Erarbeitung dieses Themas im Nachhinein vollends aufzuklären. Der lernpsychologisch günstige Effekt der Wiederholung und der Betrachtung *en situation* wird sich auch hier bemerkbar machen.

d Affektiv-kreativer Sprachzugang

Mit Geschichten und Erzählungen lässt sich nicht nur „trockene" Spracharbeit hervorragend im Kontext betreiben, sondern sie bieten eine Vielzahl von Ausgestaltungs-möglichkeiten, die Kreativität und Selbsttätigkeit anregen und einfach Freude machen.

Abhängig vom Alter der Lerner, von ihrem Hintergrund und Weltwissen, aber natürlich auch vom Ziel, das die Lehrkraft mit den Geschichten verfolgt, lassen sich die *contes* unterschiedlich behandeln und „weiterverarbeiten". Es kann genügen, die Schüler einfach „zur Abwechslung" eine solche Geschichte hören zu lassen und sie kurz zu besprechen.

Sicherlich ist es hilfreich, vorbereitend durch einige Impulse eine Erwartungshaltung aufzubauen.

Während des Hörens können die Lerner auf diverse Weisen aktiv werden: Aufgrund der charakteristischen Struktur vieler Erzählungen eignen sie sich zu Unterbrechungen, Wiederholungen durch die Hörer, fast automatisch - auch „im Chor" (selbst bei älteren Lernern, die dies sonst eher peinlich finden...), Rückfragen oder Spekulationen.

Alle Formen des kreativen Schreibens sind denkbar, von Dialogen und Fortsetzungen, anderen Handlungsverläufen, Perspektiv- oder Textsortenwechseln bis zu Interviews mit den Figuren oder eigenen Geschichten, die sich in dieser oder jener Weise an das Gehörte anlehnen. Selbstverständlich kann mit fortgeschrittenen Lernern auch stärker literarisch orientiert gearbeitet werden. Es können Vergleiche mit Werken aus dem französischen oder auch deutschen Sprachraum gefunden werden. Manches Mal bietet sich sogar eine regelrechte psychologisch-philosophische Interpretation an, die Archetypen aufdeckt, oder zur Reflexion über Sinnfragen des Lebens veranlasst.

Die Lerner werden es auch zu schätzen wissen, wenn sie die Geschichten beispielsweise künstlerisch ausgestalten dürfen, womöglich sogar in Zusammenarbeit mit dem Kunstunterricht. Viellleicht gibt es umgekehrt ein Gemälde, zu dem man eine Geschichte schreiben könnte. Und natürlich ergeben sich hervorragende Gelegenheiten für szenisches Spiel, Pantomime, Standbilder oder ganze Theateraufführungen, die der Phantasie keine Grenzen setzen.

Gerade in einer als schwer geltenden Sprache wie Französisch ermöglicht der Einsatz der *Contes* im Unterricht den Abbau Angst besetzter Barrieren.

3 Methodologische Hinweise zur Behandlung der Märchen im Unterricht

Wenn im Unterricht mit mündlich überlieferten Geschichten gearbeitet wird, sollte auf dem Hörverstehen beruhenden Schwerpunkt beibehalten werden. Diese Lehrerhandreichung enthält für jede Geschichte die Transkription des mündlichen Textes. Wir bitten die Lehrkraft darum, den Lernenden die schriftliche Transkription erst in einem letzten Schritt zur Verfügung zu stellen.

Das Résumé, das jeder Geschichte vorangeht, ist für die Lehrkraft bestimmt, damit sie sich schnell einen Überblick über den Inhalt verschaffen kann.

a Vorgehensweise

Nach kurzen einleitenden Worten, die Lerner zur jeweiligen Thematik der Geschichte hinführen, sollte das Hören der Geschichte auf CD erfolgen. Da die Erzählerin nicht visuell wahrnehmbar ist, kann es den Hörprozess erleichtern, wenn die Lehrkraft parallel dazu den Verlauf der Geschichte durch Gesten, kleine Zeichnungen an der Tafel bzw. auf Folie kopierte Illustrationen begleitet. Damit kann auch eine spätere Rekapitulation des Handlungsverlaufs unterstützt werden.

Anschließend können die Schüler aufgefordert werden, in Worte zu fassen, was sie verstanden haben und eine Geschichte, die für andere verständlich ist, nachzuerzählen bzw. sie können sich gegenseitig ergänzen oder fragen, um Leerstellen zu füllen. Im Unterschied zur traditionellen Sicherung des Textverständnisses ist es hier nicht sofort vonnöten, den Text wirklich verstanden zu haben! An dieser Stelle, die wir *Fenêtres sur l'imaginaire* nennen, geht es zunächst darum, einzelne Elemente des Textes erfasst zu haben und sich nun selbst spielerisch weitere Vorstellungen dazu zu machen (z.B.: *Ah oui, il y a une femme. Vous la voyez comment, cette femme ?...*). Ob diese Vorstellungen dem Inhalt der Geschichte entsprechen, wird durch Äußerungen anderer Schüler bzw. beim zweiten Hören überprüft. Gleichzeitig ist es entscheidend, an dieser Stelle nicht vorrangig auf die sprachliche Richtigkeit des Gesagten einzugehen bzw. hier korrigierend einzugreifen! Auch im Sinne des Europäischen Referenzrahmens für Sprachen ist es ja erlaubt, Fehler zu machen. Und die erheblich größere Wichtigkeit liegt in diesem Schritt auf der intendierten Aussage, auf dem Mut zu Reden und auf der persönlichen Erinnerung an das Gehörte.

Die affektive Komponente spielt für die gesamte Behandlung dieser Geschichten eine entscheidende Rolle: Daher sollten auch immer wieder Gelegenheiten zum „Spielen" mit der Sprache und zur Verbindung von Wort und mentalem Bild eingeräumt werden. Formelhafte Satzelemente werden wiederholt, die Aussprache gefestigt, die Worte regelrecht „gekaut", um die Satzmelodie mit der syntaktischen Struktur in Einklang zu bringen.

In einem dritten Schritt können die Lerner das inzwischen verstandene Geschehen kreativ erweitern, ausschmücken, fortführen, verändern, je nachdem wie die Impulse der Lehrkraft oder die eigenen Ideen lauten.

Die Kreativität wird jetzt zum Motor für die persönliche und affektiv besetzte mündliche Sprachproduktion:

Über die Vorstellungskraft werden Sprachbedürfnisse entwickelt. Zwar verbessert sich damit „automatisch" die sprachliche Qualität, doch wird auch hier nicht vorrangig auf die sprachliche Korrektheit Wert gelegt.

Vielmehr geht es darum, den Lerner bei der selbstständigen Entwicklung seiner persönlichen Vorstellungsbilder sprachlich zu begleiten. Diese mündlichen Produktionen werden umfangreicher und kreativer sein als es im sonstigen Unterricht üblich ist.

Das Vokabular der Märchen wird manchmal etwas außergewöhnliche Begriffe beinhalten. Dies betrifft hauptsächlich Nomen und Adjektive. Den Verben kommt über alle Geschichten hinweg eine besondere Bedeutung zu: Es wäre hilfreich, die Lerner einen systematischen „Katalog" von Verben anlegen zu lassen, die sie für das eigene Erzählen immer wieder brauchen und mit denen sie aus dem regulären Unterricht u.U. nicht so vertraut sind (siehe « Vocabulaire pour mieux raconter », ➤ **KV 27**, S. 110).

Sollte der Wunsch bestehen, darf den Lernern unter der Rubrik *Le lien avec l'écrit* auch die Transkription zugänglich gemacht werden. Allerdings sollte man dabei nicht vergessen, dass es sich immer noch um einen eigentlich mündlichen Text handelt und nicht um Schriftsprache.

Die schriftliche Transkription ist für eine gezielte Spracharbeit von Nutzen, in der beispielsweise verschiedene Verben, Wortfelder oder Adjektive konkret benannt werden sollen. Es ist durchaus möglich sie für eine „klassische Textanalyse" einzusetzen, doch dies ist nicht der eigentliche Zweck dieser Sammlung. Das Hauptanliegen ist, die Lernenden im globalen Hörverstehen zu schulen und sie dazu zu führen, einer Geschichte das Wesentliche zu entnehmen. Dabei sollten sie nach und nach die sprachlichen und erzähltechnischen Eigenheiten verinnerlichen und diese später selbst aktiv mündlich anwenden.

b Organisatorische Hinweise

Eine solche Unterrichtseinheit kann *en bloc* gehalten werden oder auch hervorragend in Vertretungsstunden eingesetzt werden. Die einzigartige Flexibilität, die die Märchen durch Themenvielfalt und unterschiedliche Längen und Schwierigkeitsgrade bieten, führt dazu, dass sie ausgesprochen vielfältig und variabel in verschiedenen Klassen- und Altersstufen behandelt werden können.
Selbst bei im Rahmen von G8 gekürzten Stundenumfängen sollte man sich aufgrund der großen Bedeutung authentischer Texte und affektiv wirkender Unterrichtsinhalte nicht scheuen, gelegentlich einige *contes* einzubauen.

c Zusammenfassung der didaktischen, linguistischen und sozio-kulturellen Ziele

Zuhören

- Authentische mündliche Sprache wahrnehmen und verstehen.
- Das Wesentliche vom Detail unterscheiden: Das globale Hörverstehen in der Fremdsprache vertiefen.
- Das Gedächtnis trainieren.

Mündliche Ausdrucksfähigkeit

- Typisch französische Redewendungen wahrnehmen, produzieren und festigen.
- Verben, Adjektive und Präpositionen angemessen anwenden.
- Zeitliche, örtliche und logische Zusammenhänge im Erzählprozess strukturiert wiedergeben.
- Lernen sich - auch mit Stimme, Mimik und Gestik - klar auszudrücken und eine Geschichte lebendig zu erzählen oder eine Botschaft zu übermitteln.

Affektiv-kognitive Kompetenzen

- Emotionen zulassen und ausdrücken (emotionale Intelligenz), insbesondere bei den „großen" Themen der Geschichten wie Leben, Liebe, Glück, Neid, Angst, Tod.
- Die Vorstellungskraft trainieren: Lernen, Geschichten und sprachliche Bilder visualisieren, sich allein oder gemeinsam Bilder und Situationen vorstellen und weiterentwickeln sowie Hypothesen entwerfen.
- Lernen, den symbolischen Gehalt einer Geschichte zu „entschlüsseln".
- Die Angst überwinden, vor anderen auch in der Fremdsprache zu reden.

Soziale Kompetenzen

- Auf andere hören und sie nicht unterbrechen.
- Sich anderen verständlich machen.
- Die Bilder und Interpretationen von anderen akzeptieren, ohne sie zu beurteilen.
- Bilder, Situationen und Geschichten gemeinsam weiter entwickeln.

Interkulturelle Kompetenzen

- Geschichten aus anderen Kulturkreisen kennen lernen und sie mit dem eigenen Kulturgut vergleichen.
- Die Universalität der Motive der mündlichen Überlieferung als verbindende Elemente erkennen.

d Die Lehrkraft

- Dem Mündlichen mehr Raum und Achtung im Unterricht einräumen und es als wichtiges Unterrichtsziel betrachten und gestalten.
- Die Geschichten „an sich und für sich" schätzen (und sie nicht nur als Mittel zum Erwerb der Fremdsprache betrachten).
- Sprache in Wort und Klang genießen und dieses Gefühl den Lernern vermitteln.
- Sprache als Prozess betrachten, der kontinuierlich in Entwicklung ist.
- Spielerisch mit Sprache und Inhalten umgehen.
- die Lerner zu längerer Erzählproduktion anregen (und nicht nur zu einzelnen Wortbeiträgen).
- Die Vielfalt der Schüleraussagen akzeptieren und sie trotz unterschiedlicher Niveaus in den gemeinsamen Erzählprozess integrieren.
- Sich von dem Begriff „Fehler" distanzieren und ihn durch „Verständlichkeitsgrad" ersetzen.

e Schlusswort und Ausblick

Es ist deutlich geworden, dass der Einsatz von authentischen, nicht-didaktisierten Geschichten im Französischunterricht pädagogisch und didaktisch sinnvoll und förderlich ist.

Diese Geschichten ermöglichen den Lernern nicht nur interkulturelle Erkenntnisse, sondern sprechen durch ihre Inhalte häufig die „wahren" Themen an (Liebe, Leben, Tod usw.), die Kinder und vor allem Jugendliche beschäftigen. Da sie sich aber unter dem Deckmantel einer Figur verbergen können, erlauben Geschichten es ihnen, sie ohne die üblichen Hemmungen und Schüchternheiten der Pubertät zu diskutieren. Damit könnten sie ihnen vielleicht sogar als Bewältigungsstrategien für ihre Lebensfragen dienen.

Durch die kommunikative Ausrichtung von erzählten Geschichten und deren Potenzial an Aktivitäten im Unterricht werden nicht nur wichtige Lerntechniken trainiert und intensive Spracharbeit betrieben, sondern es werden gleichzeitig soziale Kompetenzen geübt. Dann wird der nächsten Französischstunde hoffentlich ungeduldig entgegengesehen.

B Exercices préalables : Entraîner la parole « Les gammes »

Ce chapitre comprend quatre rubriques :

1 **Les virelangues,** pour délier la langue.
2 **Les exercices de visualisation et les voyages imaginaires**, pour apprendre à « voir », à associer mot et image.
3 **Les devinettes**, pour jouer sur le sens propre et le sens figuré du mot, donner le goût d'inventer, de trouver des solutions nouvelles, avoir de l'astuce.
4 **Les emboîtages**, pour entraîner la locution, enchaîner les phrases selon un ordre déterminé.

Ces jeux de langage appartiennent, à quelques exceptions près, à la tradition orale authentique. On jouait à cela autrefois lors de la veillée et pas seulement avec les enfants. En Afrique, le conteur, avant de commencer l'heure du conte proprement dite, raconte des devinettes pour « chauffer son public ».
Pour la classe, ce sont des exercices courts qui invitent les élèves à jouer avec la langue et les incite à développer leur inventivité et leur créativité.
Le plaisir de jouer devra faire disparaître la peur de la faute, génératrice de beaucoup d'inhibitions. Après avoir accepté les réponses fantaisistes des élèves, le professeur pourra toujours donner la bonne réponse et « en passant » corriger d'éventuelles erreurs de langue.
On peut choisir de faire ces jeux dans l'ordre que l'on veut, varier, reprendre, ... le plus important étant de ne pas épuiser l'intérêt des jeux de langue proposés. On obtient cependant de bons résultats dans tous les domaines : prononciation, prosodie, visualisation, astuce, vivacité d'esprit, imagination, mémoire si on les pratique régulièrement, par exemple en début ou en fin de cours ou en intermèdes.
Il est conseillé au bout d'un certain temps d'inviter les élèves à proposer eux-mêmes un virelangue, une devinette ou un emboîtage (déjà connu bien sûr) à leurs camarades.

1 Les virelangues

Objectifs

- S'exercer à la prononciation des sons difficiles pour un apprenant germanophone : pour ainsi dire «mâcher les mots ».
- Sentir, appréhender et expérimenter le côté affectif, le côté ludique de la langue, son aspect mélodique, son rythme.
- Apprendre à voir en images, associer le mot et l'image.
- Créer une bonne dynamique de groupe.

« **Am Stram Gram Pic et Pic et Colégram** » n'est pas à proprement parler un virelangue mais plutôt une comptine, cependant il est amusant de la faire prononcer, chanter, rythmer !
C'est en effet du français de par la sonorité, la ligne mélodique, le rythme !
On peut scander sans prononcer les paroles : ta ta ta - tatatatatata ta !

a Découverte des virelangues

Choisir quelques virelangues du « répertoire », les écrire ou les projeter au tableau.
Clarifier le « sens » en faisant prendre conscience des images contenues dans les mots : on mémorise mieux si on peut associer une image (Jean, le cheval, un champ avec de l'orge).
Faire prononcer les virelangues par le groupe, puis individuellement. Ensuite, les effacer.
Faire dire un ou deux virelangues à chaque heure de cours, de façon à en faire un jeu rituel.

a. Le cheval de Jean mange l'orge du champ.
b. Je cherche Serge.
c. Poisson sans boisson, c'est poison !
d. Douze douches douces.
e. Panier piano, panier piano, panier piano,...

b Activités ludiques de prononciation

Quand les élèves sont familiarisés avec les sons, ils peuvent jouer, c'est à dire se concentrer sur les différentes façons de parler.
Faire faire au choix les jeux suivants, de préférence debout, en cercle :
- Faire dire (tous) les virelangues en les prononçant toujours sur le même ton et en rythme.
- Il est possible d'associer à cette activité un exercice de kinésiologie qui stimule la coordination et le travail des deux hémisphères cérébraux (p. ex. avancer une jambe, puis l'autre et toucher le genou avec la main opposée). Faire faire cet exercice en avançant, puis à reculons.
- Le jeu du chef d'orchestre : faire sortir un élève de la salle, faire désigner un meneur (chef d'orchestre). Celui-ci propose un rythme au groupe qui l'adopte, inviter celui qui est sorti à revenir et à découvrir le meneur.

c Exercices de « théâtre » avec les virelangues

Les élèves sont debout en cercle dans la salle de classe.

Moduler la voix

- Faire choisir un virelangue par un élève.
- Faire prononcer ce virelangue soit en chœur, soit individuellement avec les variations suivantes
- • lentement
- • rapidement
- • en parlant fort
- • à voix basse
- • en chantant (sur une mélodie connue ou inventée).

Toute variation est possible !

Mettre le ton

Faire choisir un virelangue (ou en donner un différent à plusieurs élèves) et le faire dire s'ils le désirent à voix haute devant tout le monde.
Il est possible de faire dire plusieurs virelangues simultanément.
Faire prononcer ensuite ce virelangue de différentes façons en donnant la consigne suivante :
Dites votre virelangue préféré de façon / sur un ton :

- triste
- joyeux,-se
- furieux,-se
- excité,e
- autoritaire
- hypocrite
- timide
- rayonnant,e
- désespéré,e
- …

Dans cette activité, il est possible d'introduire des images langagières, de familiariser les élèves avec leur capacité de visualiser en ajoutant une comparaison à la consigne.
Laisser aux élèves la possibilité de trouver leurs propres associations.

- triste comme la pluie d'automne
- joyeux comme les oiseaux au printemps
- excité comme une puce
- autoritaire comme un policier
- hypocrite comme un serpent
- timide comme un escargot
- rayonnant comme le soleil

Il est possible de combiner cet exercice avec un geste.
Un élève dit « son » virelangue et simultanément, il fait un geste ou une mimique pour accentuer le sentiment qu'il a choisi d'exprimer.
Aux autres élèves de définir la façon dont l'élève vient de dire son virelangue.

« Monter une scène »

Faire des petits groupes (de trois ou quatre élèves).
« Monter » une petite scène en se servant d'un virelangue. Le faire prononcer de différentes façons, le faire répéter, en faire changer le ton ou la vitesse, faire ajouter des gestes…
Il est ainsi possible de jouer une petite « histoire », même absurde, devant les autres.

Donner quelques minutes de préparation.
Faire représenter chaque scène. Les spectateurs essaient de deviner de quel « scénario » il s'agit.

D'autres virelangues !

Voilà une série de virelangues qui permettront d'inventer d'autres « scénettes ».

- Boule rouge qui bouge.
- Natacha chercha son chat Pacha qui se fâcha.
- Un chasseur sachant chasser, sait chasser sans son chien.
- Six souris sourient sans soucis.
- Le serpent siffle dans le désert.
- Aujourd'hui, la pluie et puis la nuit… quel ennui !
- Ouille, ouille, dit la grenouille qui mange des nouilles.
- La Provence est une province de France.
- Les enfants blonds, les enfants bruns.
- Un plein banc de pains blancs
- Tas de riz / Tas de rats
  Tas de riz tentant / tas de rats tentés
  Tas de riz tentant tenta tas de rats tentés
  Tas de rats tentés tâta tas de riz tentant.
- Kiki était coquette et Coco concassait du cacao
  Coco le concasseur de cacao aimait Kiki la coquette
  Kiki la coquette quitta son caraco kaki.

On peut trouver sur Internet une grande variété de virelangues.
➤ **Klett Online-Link 525655-0001**

2 Les visualisations : associer mot et image

Se représenter mentalement l'objet désigné par le mot aide à le mémoriser.

a La ronde des prénoms

Les élèves sont assis ou debout en cercle sans matériel.
Chaque élève dit son prénom ou peut choisir un prénom français qui lui plaît.
But : Associer à chaque lettre du prénom un objet ou un nom connu.
L'objet choisi et le prénom commencent par la même lettre :

« **C**laudine comme clé, **S**arah comme **s**alade, **M**artin comme **m**anteau, **J**ulien comme **j**uillet, etc. »

Faire répéter la suite des prénoms et leurs objets apparentés par chaque élève, dans un sens, puis dans l'autre.

Exemple
L'élève 1 dit « Sarah-Soleil », l'élève 2 répète « Sarah-Soleil » et ajoute son nom : « Bettina-Boîte ». L'élève 3 reprend : « Sarah-Soleil, Bettina-Boîte, Roman-Roman » et ainsi de suite.
Le dernier élève dit toute la liste, puis on recommence dans l'autre sens.

Variations

Varier l'exercice en choisissant des noms d'aliments, du vocabulaire de la ville, de l'école, des adjectifs de toutes sortes, des couleurs, des noms d'animaux ou des noms abstraits (qualités morales)...

Exemple
« Sarah comme souris, Bettina comme bœuf, Roman comme renard, Florian comme fourmi, etc. »
« Sarah comme sourire ou souvenir, Bettina comme bonté, Roman comme romantisme ou rire, Florian comme folie ou fidélité... »

Pour être sûr que les élèves auront assez de mots de vocabulaire à leur disposition, on peut faire préparer des listes avant le cours ou distribuer des listes toutes préparées, contenant le vocabulaire nécessaire à la compréhension des contes.
- Plus tard, faire mimer ou dessiner l'« emblème » de l'objet qui symbolise la première lettre de son prénom en y intégrant la lettre, tel un calligramme.
- Faire mettre quelques objets ensemble et faire jouer au jeu des associations.

Exemple
Boîte et Soleil deviennent une Boîte-Soleil.
- Qu'est-ce que c'est ?
- Une boîte avec du soleil dedans !
- Pour quoi faire ?
- Pour donner du soleil les jours de pluie...
- Pour mettre du soleil dans le cœur des gens qui en ont besoin.

Éventuellement faire inventer oralement ou par écrit, individuellement ou en groupe une courte histoire dans laquelle apparaissent les mots choisis.

b Un voyage imaginaire

C'est une activité courte qui familiarisera les élèves avec le principe sur lequel nous travaillons :
ouvrir les fenêtres sur l'imaginaire.

Vocabulaire préalable : les sensations

- regarder, contempler, voir, apercevoir…
- entendre (des bruits, des cris, des chants…)
- sentir : ça sent bon, mauvais, ça sent la cuisine (une odeur, un parfum de...)
- il fait bon, chaud, frais, glacial…
- …

Activité

Lire le texte suivant.
1 Lire l'histoire. Les élèves ont les yeux ouverts. Pour aider la compréhension, faire éventuellement des petits dessins schématiques au tableau.
Un enfant est assis sur la lune. De là-haut, il regarde la terre.
Il voit la terre, toute bleue. Il voit les montagnes, les prés, les déserts, les mers et des villes au milieu. Dans les villes, il y a des rues avec des voitures, des autobus et beaucoup de gens qui vont et qui viennent… Dans une rue, l'enfant aperçoit un homme. L'homme marche dans la rue, il marche, il marche, il s'arrête devant une maison rose. Il cherche dans ses poches, il trouve une clé, il ouvre la porte avec la clé, il entre et va dans la chambre. Il voit un livre sur la table de nuit, il l'ouvre et voit…

2 Lire l'histoire une deuxième fois.
Cette fois, les élèves ont les yeux fermés et s'imaginent la scène. (Ils se créent des images intérieures, comme quand ils rêvent.)

3 Demander aux élèves de dire ce qu'ils ont vu sur « leur écran intérieur ».
Les faire décrire leurs images, préciser, extrapoler : par exemple la maison rose… pourquoi est-elle rose ? Qui pourrait habiter là ? Depuis quand ? Pourquoi ?
Noter les suggestions au tableau, les comparer, faire trouver un ordre pour reconstituer le début de l'histoire, puis…

Faire continuer l'histoire.
Il voit le livre sur la table, il l'ouvre et voit… une photo.
Sur la photo, il y a…

Demander aux élèves ce qu'il y a sur la photo : accepter toutes les réponses et faire préciser le plus possible.

Exemple
C'est la photo d'une personne… de qui ? Quel âge a-t-elle ?
C'est la photo d'un village… où, en quelle saison ? Pourquoi cette photo ?

Accepter toutes les réponses, les comparer, laisser les élèves réagir aux propositions des autres, jamais pour juger, mais pour compléter et enrichir.

c Un autre voyage

1 Demander aux élèves de fermer les yeux.
Lire le texte suivant.
Une femme dessine un paysage. On voit des montagnes bleues, des prés avec des fleurs, ça sent bon, le soleil est chaud, un ruisseau coule tout près, les oiseaux chantent… Une petite fille se promène dans ce paysage.
Tout à coup, le vent souffle, le tonnerre gronde, le ciel devient noir, un éclair éclate… C'est l'orage… La petite fille court, court ! Tout à coup, elle…

2 Demander aux élèves ce qu'ils ont vu, senti, respiré, entendu,… Où se trouve ce paysage ? Dans quel pays ?

3 Faire imaginer la suite
- avec une fin heureuse
- avec une fin malheureuse
- avec une fin réaliste
- avec une fin fantastique.

d Jouer avec la mémoire

Une semaine plus tard :
Faire raconter les deux petites histoires.

Imaginer. Décrire
- l'homme, son âge, son physique. Qui est-il ? Que fait-il ? Pourquoi ?...
- la chambre de l'homme, sa maison, sa rue, sa ville…
- la femme qui dessine. Où est-elle ?
- la rencontre entre les deux. Quand ? Comment ?

Ce principe, « ouvrir les fenêtres sur l'imaginaire » ou combler les vides par l'imagination sera appliqué à toutes les histoires qui suivent.

3 Les devinettes

Elles permettent de jouer sur les associations entre le mot et l'image, entre le sens propre et le sens figuré du mot. Les enfants aiment beaucoup les devinettes et vont certainement apporter leurs devinettes en allemand. Elles permettent de visualiser, d'opérer un changement de perspective.
Avec un peu d'entraînement, on devient de plus en plus fort en devinettes. Comme c'est un exercice de langage difficile en langue étrangère, il est recommandé de ne pas exiger de faire poser les devinettes, mais seulement de faire trouver les réponses. **Les élèves aussi bien que les adultes font preuve d'inventivité. Ils trouveront donc plus facilement une solution que leur niveau de langue ne le laisserait supposer.** Si ce n'était pas le cas, on pourrait les guider en donnant un mot, ou bien en faisant un petit dessin au tableau. On peut aussi apporter le document avec les dessins (➤ **KV 1,** p. 77) et faire associer le bon dessin à la bonne devinette.
On peut reprendre une ou deux devinettes de temps en temps comme récréation !

Activité : Faire trouver la devinette correspondant au dessin.
Conseil : Si les élèves ne trouvent pas la bonne réponse, donner le champ sémantique en le précisant au fur et à mesure pour réduire les possibilités.

Exemple
Sa peau est rouge,
Sa queue est verte,
Son ventre est en bois,
elle dort la tête en bas.

Qu´est-ce que c´est ?

C'est un fruit /
un fruit d'été /
qui pousse sur un arbre /
on peut accrocher ce fruit
aux oreilles…

(Réponse : une cerise)

D'autres devinettes assez faciles

Le jour, elles sont sous la table.
La nuit, elles sont sous le lit.
Qu´est-ce que c´est ?

C'est un objet /
on les met aux pieds
on se promène avec…

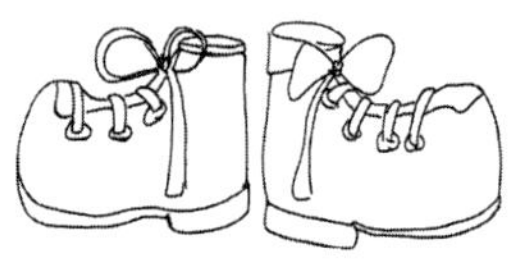

(Réponse : des chaussures)

Un corps sans bras,
Un cou sans tête.
Qu´est-ce que c´est ?

C'est un objet.
Elle se trouve dans la maison /
elle est souvent sur la table /
on met des boissons dedans…

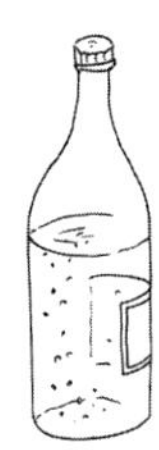

(Réponse : une bouteille)

Je suis ouvert quand il pleut.
Je suis fermé quand il fait beau.
Qui suis-je ?

C'est un objet / on s'en sert pour se protéger de la pluie/ on le prend quand il fait mauvais temps…

(Réponse : un parapluie)

Je suis pleine de trous,
et pourtant je suis pleine d'eau.
Qui suis-je ?

C'est un objet / on s'en sert dans la salle de bains / pour se laver…

(Réponse : une éponge)

Qu'est-ce qui sort de la maison sans passer par la porte ?

Ce n'est pas une personne / on ne peut pas la toucher / c'est dans l'air / sans feu, elle n'existe pas…

(Réponse : la fumée)

Qu'est ce qui marche sans changer de place ?

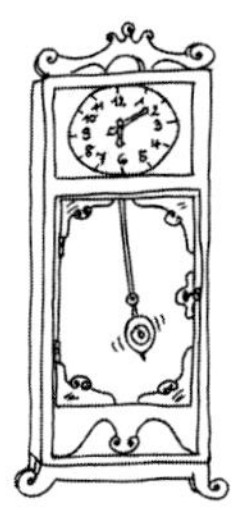

C'est un objet. Elle se trouve dans la maison / elle vous indique l'heure / elle est toujours en mouvement…

(Réponse : une pendule)

Qu'est-ce qui fait chaque jour le tour de la maison et retourne dans son coin ?

C'est un objet / on s'en sert dans la maison pour faire le ménage / toutes les sorcières en ont un…

(Réponse : un balai)

Bien sûr, il faut encourager les élèves à trouver leurs propres devinettes.

4 Enchaîner des phrases : Les histoires à emboîtages

Le but des histoires à « emboîtages » est d'apprendre aux élèves à enchaîner des phrases sans perdre le fil conducteur. C'est un entraînement à la narrativité orale. Dans ce genre d'activité, il est nécessaire de prendre le temps de faire visualiser les images évoquées, puis de faire mémoriser leur succession. Ensuite, il faut faire attention à ce que la prononciation soit correcte. Ce ne sont pas des histoires à proprement parler, l'intérêt consiste à faire jouer les élèves.

- Jeu : enchaîner seul, à deux ou à plusieurs sans se tromper et le plus vite possible, mettre en rythme.
- Organiser un concours : entre deux élèves, entre deux groupes…
- Qui dit les enchaînements le plus vite sans se tromper ?

Plus on voit les images, mieux on peut mémoriser. En outre, ces jeux exigent concentration et écoute attentive de l'autre : ils créent une émulation dans le groupe. Le plaisir de raconter ensemble est assuré ! La répétition systématique de certaines structures se fait de façon ludique !

1 Voilà la clé du jardin !

Ne pas donner le texte aux élèves sinon ils ne mémorisent pas les images !

Voilà la clé du jardin !
Voilà la corde qui **tient** la clé du jardin !
Voilà le rat qui **ronge** (mange) la corde qui tient la clé du jardin !
Voilà le chat qui **attrape** le rat qui ronge la corde qui tient la clé du jardin !
Voilà le chien qui **chasse** (mord) le chat qui attrape le rat qui...
Voilà le bâton qui **tape** le chien qui mord le chat qui attrape le rat qui…
Voilà le feu qui **brûle** le bâton qui tape le chien qui...
Voilà l'eau qui **éteint** le feu qui...
Voilà la femme qui **porte** l'eau qui...
Voilà l'homme qui **aime** la femme qui…
Voilà le jardin qui **nourrit** l'homme qui…
Voilà la porte **qui ferme** le jardin qui…
Voilà la clé du jardin !

Pendant la présentation de l'histoire, illustrer les mots, apporter l'objet en question ou une reproduction de cet objet.

Associer à l'illustration :

- les noms
- les verbes (au besoin les mimer et les conjuguer).

Exemples
la clé – **ouvrir** : elle ouvre
la corde – **tenir** : elle tient
le chien – **chasser ou mordre** : il chasse ou il mord
l'eau – **éteindre** : elle éteint
la femme – **porter** : elle porte
l'homme – **aimer** : il aime
le jardin – **nourrir** : il nourrit

Lorsque les illustrations sont au tableau ou à disposition des élèves, faire répéter l'enchaînement avec cette aide et le vocabulaire.
Choisir un élève pour chaque nouvel emboîtage, puis faire redire l'ensemble par tout le groupe.
Faire répéter l'enchaînement en enlevant les verbes, puis les noms.
Éventuellement aider les élèves en donnant le début des phrases.
Faire répéter l'enchaînement en entier, par un seul élève, par plusieurs élèves successivement, puis par le groupe entier ; le rythme va aider à fixer les enchaînements.

Qu'est-ce qui est... ?

➤ KV 2, p. 78

Qu´est-ce qui est plus fort
que le feu ?
→ L'eau parce que l'eau éteint le feu.
Qu´est-ce qui est plus fort que l´eau ?
→ Le soleil parce qu'il boit l'eau.
Qu´est-ce qui est plus fort que le soleil ?
→ Les nuages parce qu'ils cachent le soleil.
Qu´est-ce qui est plus fort que les nuages ?
→ Le vent parce qu'il chasse les nuages.
Qu'est ce qui est plus fort que le vent ?
→ La montagne parce qu'elle arrête le vent.
Qui est-ce qui est plus fort que la montagne ?
→ L'homme parce qu'il gravit la montagne.
Qui est-ce qui est plus fort que l´homme ?
→ La femme parce qu'elle prend son cœur.
Qu´est-ce qui est plus fort que la femme ?
→ L'enfant qui est le chéri de sa maman.
Pendant la présentation de l'histoire, donner l'illustration des mots.
Associer au schéma :

- les noms
- les verbes (au besoin les mimer et les conjuguer).

Ne pas distribuer tout de suite le texte aux élèves, sinon ils ne mémoriseront pas.

Jeu chanté en chœur

➤ KV 3, p. 79

- Faire répéter l'enchaînement avec les schémas et le vocabulaire projetés sur transparent. Choisir un élève pour chaque enchaînement puis faire redire l'ensemble par le groupe.
- Faire répéter l'enchaînement en enlevant les verbes, puis les noms, puis en supprimant le transparent. Éventuellement aider les élèves en donnant le début des phrases.
- Faire répéter l'enchaînement en entier par deux élèves qui se répondent : un élève pose la question, un autre répond (ou tous les autres répondent en chœur), ou bien le contraire.

Remarque
À cet enchaînement de devinette correspond l'histoire-randonnée : « La princesse souris ».

Derrière chez moi...

Au bois derrière chez moi...	*Il est joli, le bois derrière chez moi !*
Il y a trois chênes	*Ils sont jolis, les chênes du bois derrière chez moi !*
Sur le plus grand, il y a une branche	*Elle est jolie, la branche du chêne du bois derrière chez moi !*
Sur la branche, il y a cent feuilles	*Elles sont jolies, les feuilles sur la branche... !*
Entre les feuilles, il y a trois fleurs	*Elles sont jolies, les fleurs entre les feuilles... !*
Entre les fleurs il y a un nid	*Il est joli, le nid entre les fleurs entre les feuilles... !*
Dans le nid il y un œuf	*Il est joli, l'œuf dans le nid entre les fleurs... !*
Dans l'œuf il y a un oiseau	*Il est joli, l'oiseau dans l'œuf dans le nid entre les fleurs... !*

Lorsque le vent du nord souffle, l'oiseau chante et dit :
« *Je suis dans l'œuf,*
l'œuf est dans le nid,
le nid est dans les fleurs,
les fleurs entre les feuilles,
les feuilles sur la branche,
la branche sur le chêne,
le chêne du bois derrière chez moi. »

Grâce à cette activité ludique, les élèves apprennent à bien prononcer, à se concentrer et surtout à bien s'écouter mutuellement. Ils s'entraînent à mémoriser et à réciter des passages importants dans la langue étrangère, une capacité qui les prépare à reconnaître la prosodie, à reproduire les sons correctement et à répéter d'autres types de textes avec plus de facilité.

Introduction / Première partie

Apprendre d'abord la rime « principale » (en gras, première partie) aux élèves en faisant en sorte qu'ils soignent la prononciation.
Pendant la présentation de l'histoire, donner les illustrations ou faire faire les dessins des mots par un élève volontaire.

Associer au dessin:
- les noms
- les verbes (au besoin les mimer et les conjuguer).
- Les élèves apprendront le parcours par cœur.
- Puis, les élèves répètent en ajoutant « il est joli » et enchaînent ce qui précède.

Il faudra faire attention à l'accord : « il / elle / ils / elles » + verbe.

Variantes

- Deux élèves entonnent la rime principale, les autres répètent en enchaînant.
- Filles et garçons se relaient.
- On travaille à deux et on « se répond ».

Pour la deuxième partie

Un narrateur peut annoncer « Lorsque le vent... », les autres répondent tous ensemble en « retraçant » le parcours au tableau ou sur le transparent.

Variantes

- Faire « chanter » tous ensemble le chant de l'oiseau.
- Faire faire un rap (ou inventer des mélodies différentes) :
  Mettre les élèves en petits groupes de 4 ou 5.
  Préparer, s'entraîner et présenter ensuite toutes les variantes trouvées.
  Inclure la première partie dans la présentation.

C Les contes-randonnées : Fixer la langue

La galette

Niveau : à partir de la 2e année d'apprentissage (niveau A2)

⊙ **Pistes 01 - 03** ; 4 minutes

➤ **KV 4,** pp. 80, 81

Résumé

Une vieille femme fait une belle galette et la met sur le rebord de la fenêtre. La galette saute et se met à rouler. Sur son chemin, elle rencontre un lièvre, puis un loup et puis un ours : tous veulent la dévorer, mais aucun n'y parvient. Finalement, grâce à une ruse, c'est le renard qui arrive à la manger.

Thème

1 Tout flatteur vit aux dépens de celui qui l'écoute !
2 „Hochmut kommt vor dem Fall."

Objectif

L'intérêt de cette histoire réside dans le suspense : qui va manger la galette ? La structure en est simple avec répétitions et rythme. Les expressions relèvent typiquement du registre de la langue orale, proche de la chanson populaire. L'histoire est facile à raconter.
Pour les plus grands, l'histoire n'est plus qu'une anecdote, prétexte à illustrer d'autres histoires où le flatteur parvient à tromper celui qui l'écoute.

Conseil

Faire asseoir les élèves en cercle. C'est le signe qu'une histoire va leur être racontée !

I Écoute

1 Avant l'écoute

a Introduire la tradition de manger la galette le jour des Rois, l'Épiphanie. Donner le vocabulaire : (la fève, le roi, la reine, la couronne, …).

La galette de ce conte n'est pas celle du jour des Rois, mais elle est ronde aussi.
C'est plutôt une galette de Bretagne.

b Faire rechercher des informations sur cette tradition dans Internet.

➤ **Klett Online-Link 525655-0002**

⊙ 2 Première écoute

a Faciliter la compréhension.

Pendant l'écoute faire quelques petites illustrations au tableau : la maison des vieux, la galette, le chemin, la forêt, les animaux …

b Faire formuler des hypothèses.
Au lieu d'écouter toute l'histoire d'un coup, arrêter l'écoute au milieu de l'histoire, par exemple au moment où la vieille dépose la galette sur le bord de la fenêtre pour la laisser refroidir.

La galette a refroidi, le vieux et la vieille veulent maintenant la manger..., mais la galette a disparu !

- Que s'est-il passé ? Pourquoi n'est-elle plus là ?
- Des voleurs l'ont volée.
- Des oiseaux, des souris l'ont mangée.
- Des fées l'ont emportée.
- La galette est partie.

c Faire écouter le reste de l'histoire sans interruption.

II Narration

1 Retracer les différentes étapes de l'histoire

À l'aide des illustrations, faire retracer aux élèves les différentes étapes de l'histoire. Pour cette activité, les élèves sont de préférence assis en cercle.

- Les vieux font une galette.
- Elle s'échappe et roule sur le chemin dans la forêt.
- Elle rencontre successivement le lièvre, le loup et l'ours qui veulent la manger.
- Elle s'en va à chaque fois et chante sa petite chanson.
- Le renard la trompe par une ruse et la mange.

2 Deuxième écoute

a Mémoriser
Pendant cette deuxième écoute, attirer l'attention sur les chansons et les formules. Les élèves les notent éventuellement sur une feuille de papier. Ainsi, ils vont s'entraîner à bien écouter les détails.
Ensuite, ils pourront se servir de leurs notes pour mieux jouer l'histoire par la suite.

b Vérifier
Après l'écoute, vérifier ensemble les chansons et les formules :
« J'aime la galette.
Savez-vous comment ?
Quand elle est bien faite !
Avec du beurre dedans ! »
(Chanson traditionnelle)

« Je suis la galette, la galette dorée,
je suis cuite à point
mais je roule, roule sur le chemin
personne ne va me manger ! »
« Galette, galette dorée. Je vais te manger ! »
« Galette, galette rondelette. Je vais te manger ! »
Et voilà la galette qui roule, qui roule.

3 Faire raconter l'histoire

Faire raconter l'histoire aux élèves à tour de rôle, en essayant de faire alterner la narration et les dialogues.

Ou alors attribuer des rôles aux élèves pour les différentes parties :
- un(e) élève est le/la narrateur/trice
- deux autres font le dialogue entre le vieux et la vieille
- un(e) autre narrateur/trice parle de la galette, de sa course dans la forêt
- quatre (ou huit) élèves font le dialogue entre les animaux et la galette
- éventuellement, un chœur d'élèves chante la chanson de la galette en écho

III Fenêtres sur l'imaginaire

1 Faire imaginer

- Un pays où les galettes se déplacent, parlent et chantent !...
- Un pays où les animaux parlent, portent des vêtements, ...

- Que peut-on imaginer encore dans ce pays ?
  Les arbres, les fleurs, les objets de la maison...

⇗ 2 Pour les niveaux plus avancés, faire imaginer

- Une scène de séduction où un homme réussit à séduire une jeune fille en la flattant.
- Un voleur se fait ouvrir une porte par...
- Un garçon malin se fait donner de l'argent par...

IV Activités supplémentaires

1 Présenter les animaux

- Donner les caractéristiques des animaux (➤ **KV 6**, p. 83).
- Trouver d'autres animaux qui habitent dans la forêt.

2 Ouvrir une autre perspective

La vieille ouvre la fenêtre, elle veut prendre la galette, mais la galette n'est plus là.
Faire imaginer une dispute entre le vieux et la vieille.
Puis le renard passe par là et...

3 Amener la discussion

- Pourquoi, à votre avis, est-ce que c'est le renard qui a mangé la galette (et non un des autres animaux) ?
- C'est le renard qui est le plus rusé des animaux...
- Connaissez-vous d'autres histoires avec une structure identique ?
- Ou peut-être avec une morale comparable ?
  par exemple Jean de La Fontaine : « Le corbeau et le renard »

* V Activités de créativité

a Faire jouer

Reproduire l'histoire en jeu de rôles.
Distribuer les rôles : le vieux, la vieille, la galette, le lièvre, le loup, l'ours, le renard.
Pour chaque rôle, faire répéter le texte le plus fidèlement possible.

↗ **b** Pour les niveaux plus avancés

Laisser les élèves étoffer l'histoire, c'est-à-dire enrichir le texte en rajoutant des détails, des explications, des images, des commentaires.
Faire raconter et animer l'histoire (avec des gestes) devant la classe ou devant un public. Le professeur ou un bon élève peut prendre le rôle du narrateur.

Le singe et la banane

Niveau : à partir de la 2e année d'apprentissage (niveau A2)

⊙ **Pistes 04 - 06** ; 4 minutes

➤ **KV 7, 8,** pp. 84, 85

Résumé
Un singe est assis sur un arbre et veut manger une banane, mais celle-ci tombe dans le trou d'une branche de l'arbre. Il faudrait couper la branche pour attraper la banane. Le singe demande de l'aide au bûcheron, puis au garde du roi, puis au roi, puis au jaguar, mais personne ne veut l'aider. La mort passe par là, le singe lui raconte son histoire, et tout le monde finit par faire ce qu'il doit faire. Le singe est le héros de cette histoire, le verbe «attraper» le mot-clé.

Thème
- La peur de la mort
- Tout le monde a peur de la mort.

Objectif
L'intérêt de cette histoire consiste dans le fait que les élèves doivent particulièrement soigner leur diction, pour jouer la scène lors d'une petite représentation, par exemple. Ce conte permet de s'entraîner à mémoriser une succession d'actions, à redire des formules qui se répètent, à bien marquer les rythmes, les accentuations, les pauses et à respecter le ton léger de l'histoire malgré la présence du thème de la mort. Les verbes sont très importants dans ce conte, car ils donnent le rythme : c'est leur emploi qui rend l'histoire très vivante.

Conseils
Aussi longtemps que les élèves y trouvent de l'intérêt et du plaisir, les différentes activités proposées pour faire raconter le conte peuvent s'étaler sur plusieurs heures de cours. Chaque cours doit pouvoir proposer une nouvelle approche de la façon de raconter l'histoire.

I Écoute

⊙ 1 Première écoute

a Entrer dans l'histoire
Faire comprendre aux élèves que le but de cette première écoute est d'entrer dans l'histoire et non pas de tout comprendre dans le détail.

b Visualiser
Demander aux élèves de fermer les yeux et de laisser libre cours à leur imagination. Ils se représentent l'histoire avec leurs propres images et les font défiler librement, comme dans un film.

2 Structure du conte

a Identifier les personnages.
Faire établir une liste des personnages, la noter au tableau dans l'ordre d'apparition :

- Il y a le singe, le bûcheron, le garde, le roi,…

b Identifier la structure.
Faire identifier la structure de l'histoire en écrivant au tableau la liste des verbes du conte :

- il saute..., il regarde..., il cherche...

c Associer les personnages et les verbes
Associer une action à chacun des personnages et trouver un verbe qui illustre l'action :

- le singe - vouloir manger la banane
- le bûcheron - continuer à couper les arbres
- le garde - frapper le bûcheron
- le roi - commander au garde de frapper le bûcheron
- le jaguar- effrayer le roi
- le chasseur - effrayer / viser le jaguar
- la mort - passer, écouter et aller voir…

- que veut-il?
- que ne veut-il pas?
- que doit-il faire?

d Pour les niveaux plus avancés
Faire mémoriser et faire dire des phrases complètes aux élèves.
Exemple

- Le singe veut manger une banane, mais elle tombe dans un trou. Il demande au bûcheron de couper la branche, mais le bûcheron ne veut pas. Alors il demande au garde de frapper le bûcheron …

III Narration

Faites réécouter l'histoire aux élèves au début de chaque nouvelle heure de cours.

1 Jeu de pantomime, faire jouer

Distribuer les personnages (le singe, le bûcheron, le jaguar, le chasseur et la mort…). Faire jouer la scène aux élèves. Bien faire remarquer que la parole est interdite. Ils peuvent éventuellement accompagner la narration par des bruitages ou des instruments de musique.

Remarque

On peut distribuer les rôles avant la deuxième écoute. Ainsi, les élèves sauront sur quel personnage ils devront particulièrement porter leur attention.

2 Faire parler les élèves : donner vie à la langue

Dans cette activité, il s'agit de faire « commenter » les scènes représentées dans la pantomime.

a Dans un groupe plus nombreux, on chargera les élèves les plus faibles de dire les formules qui se répètent, comme par exemple

Laissez les notes et les verbes au tableau, visibles à tout le monde. Ainsi, il sera plus facile de se rappeler les acteurs et les actions.

- « Bûcheron, bûcheron / garde, garde / ..., viens ! Viens vite ! »
- « ...comme ça je pourrai attraper ma banane qui est tombée dans le trou ! »

⇗ Les élèves plus forts pourront commenter le jeu de pantomime de leurs camarades en prenant le rôle du singe ou de la mort ou jouer par exemple le rôle du narrateur ou de la narratrice.

b Variante
Pour chaque séquence, c'est un élève différent qui prend le rôle du singe.
Faire jouer les différentes séquences dans l'ordre et réciter les textes correspondants. Puis un élève joue le rôle de la mort et un narrateur ou une narratrice raconte la fin de l'histoire. Le but est de réciter l'histoire presque par cœur, en y mettant le ton, en dramatisant les épisodes, en respectant les rythmes et en accentuant correctement les phrases. Ne pas oublier le décor sonore avec les différentes imitations.

* **c** Faire inventer des épisodes construits de la même façon avec d'autres personnages.
Exemple
- un rat ⇨ effraie la reine ⇨ la reine ⇨ supplie le roi ⇨ le roi ⇨ va chercher un chat ⇨ le chat...

3 Faire raconter

Les élèves sont assis en cercle et, à tour de rôle, ils font une phrase ou racontent un épisode. Quand un élève s'arrête, un autre prend la parole.
Vous pouvez désigner les élèves ou les laisser choisir leur tour de parole.
Les élèves peuvent garder les dialogues et parler au discours direct :

- « viens, viens couper la branche », ou faire un résumé et utiliser le discours indirect :
- C'est l'histoire d'un singe qui veut manger une banane mais elle tombe dans un trou qui est dans une branche et il ne peut pas la prendre. Alors il demande au bûcheron de couper la branche...

Dans la narration, les élèves peuvent utiliser le futur composé, le futur simple et la tournure avec « pour que + subjonctif ».

Comme ça,	Il fait venir...
le jaguar va effrayer / effraiera le roi.	... pour qu'il effraie le roi.
le bûcheron va couper / coupera la branche.	... pour qu'il coupe la branche.
le singe va pouvoir attraper/ pourra attraper sa banane.	... pour qu'il attrape sa banane.
le garde va frapper / frappera le bûcheron.	... pour qu'il frappe le bûcheron.
le roi va commander / commandera au garde.	... pour qu'il commande au garde.
le jaguar va faire peur au roi / fera peur au roi.	... pour qu'il fasse peur au roi.

IV Activités supplémentaires

* 1 Imaginer

Mettre les élèves par deux et leur faire imaginer la rencontre entre le singe et tous les autres personnages (le singe et le bûcheron, le singe et le garde, etc). Il s'agit d'exprimer les pensées de chaque personnage à la façon d'un monologue intérieur !
Donner les raisons de chacun en utilisant « parce que ».

Exemple
- Élève 1 (le singe) : *« Bûcheron, bûcheron, viens ! Viens vite ! Viens couper la branche. Comme ça, je pourrai attraper ma banane qui est tombée dans le trou ! »*
- Élève 2 (le bûcheron) : *« Je ne veux pas couper la branche, parce que je suis trop fatigué ! »* (dialogue)
- Elève 3 (un narrateur ou un rapporteur) Le bûcheron ne veut pas couper la branche parce qu'il a trop de travail / il est fatigué / le singe ne peut pas le payer… (récit)

2 Modifier

Faire modifier l'histoire aux élèves (en utilisant le passé composé). Dans cette histoire, tout va mal et tout finit mal.

Exemple
- La mort a emporté le singe, le chasseur a tué le jaguar, le garde a frappé le bûcheron, le bûcheron a coupé la branche… et la banane est restée dans le trou ! Tout ça pour une banane !

* 3 Transposer et inventer

a Transposer l'histoire dans un autre contexte
Exemple
- Un enfant laisse tomber une pièce dans une bouche d'égout…
- À qui est-ce qu'il demande de l'aide ?
- … à son grand frère / à une vielle dame sourde / à un passant / à un voyou / à un gendarme / au président de la République /… / à la mort…
- Que lui répond cette personne ?
- …

**Écrivez les propositions au tableau avec toute la classe.
Il est parfois plus facile de créer une histoire avec tout le groupe.**

* **b** Inventer une petite histoire analogue.
En petits groupes, faire inventer une histoire analogue et la présenter ensuite aux autres élèves.
Exemples
- Une princesse perd sa balle d'or dans une fontaine.
- Un professeur perd ses lunettes à l'école.
- Un homme perd ses clés dans la rue.
- Une femme laisse tomber sa bague dans la mer.

La vieille dans la bouteille

Niveau : à partir de la 2e année d'apprentissage (niveau A2)

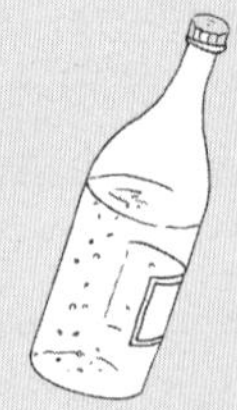

⊙ **Pistes 07 - 09** ; 4 minutes

➤ **KV 9, 10,** pp. 86, 87

Résumé
Une méchante vieille habite dans une bouteille de vinaigre. La vieille grogne, elle voudrait bien habiter dans une jolie maison avec un jardin.
Une fée qui passe par là exauce son vœu. Mais la vieille n'est toujours pas satisfaite et continue de formuler des vœux de plus en plus importants en grognant. La fée les réalise les uns après les autres même si la vieille, à chaque fois, oublie de remercier la fée. À force de demander toujours plus, la fée en a assez et renvoie la vieille dans sa bouteille de vinaigre.

Thème
Avidité, insatiabilité et ingratitude sont punies.

Objectif
L'intérêt de cette histoire réside dans la dramatisation et les possibilités de « mise en scène parlée » qu'elle propose.
Le but est d'abord de faire raconter les élèves. Les répétitions de structures similaires et de formules qui reviennent comme un refrain soulignent: l'ordre croissant des désirs de la méchante vieille et le contraste entre son avidité et son ingratitude face à la générosité de la fée.

I Écoute

1 Avant l'écoute

a Donner les mots de vocabulaire avant de faire écouter l'histoire :
- formuler un vœu, exaucer un vœu : Les fées exaucent les vœux !
- le vinaigre : On prend de l'huile et du vinaigre pour faire une vinaigrette, pour la mettre dans une salade, par exemple. Le vinaigre est fort, acide, aigre…
- les titres de noblesse : la comtesse, la duchesse, la princesse, la reine, la papesse.

b Introduire l'histoire
C'est l'histoire d'une vieille femme qui vit dans une bouteille, dans une bouteille de vinaigre. Et bien, cette femme, elle est comme le vinaigre…
Écoutez bien ce qui lui arrive !

⊙ 2 Première écoute

Pendant la première écoute, esquisser au tableau les différents « logements » de la vieille (une bouteille, une petite maison, une maison plus grande, un château…)

3 Deuxième écoute

Pendant la deuxième écoute, les élèves se représentent mentalement les scènes : Ils visualisent, ils voient des images sur leur écran intérieur.

4 Troisième écoute

Les élèves écoutent et prennent des notes.
Faire noter les vœux de la vieille et les formules caractéristiques répétées à chaque étape par la fée :
« Ah, si c'est pas malheureux ! Si seulement j'habitais... »
« Ce soir, avant de t'endormir, tourne trois fois dans ton lit et demain, tu verras bien ! »

II Fenêtres sur l'imaginaire

1 Imaginer les personnages

Activité en classe ou en petits groupes.

a La vieille
- Comment imaginez-vous la vieille?
- Quelle est son apparence extérieure ?
- Quel est son caractère?
- Pourquoi est-elle devenue comme cela ? Imaginez sa vie.

b La fée
- Et la fée ? Qui est-elle ? D'où vient-elle ?
- Comment est-elle ? Que veut-elle ?
- Pourquoi passe-t-elle par là ?

2 Imaginer les habitations

Parler des maisons.
- Où est-ce que la vieille veut habiter ?
- Est-ce qu'elle a des domestiques ?
- Qu'est-ce qu'elle fait toute la journée ? Expliquez.

Conseil

Laisser les élèves imaginer librement aussi longtemps qu'ils montrent un intérêt pour cela. Dès que celui-ci s'estompe, passer à la partie suivante. S'attarder sur les descriptions pourrait ralentir la dynamique de l'histoire et freiner le besoin de raconter.

III Narration

1 Structure du conte

Retrouver la trame narrative du conte avec l'ensemble de la classe.
À l'aide des petits dessins, faire retracer la trame narrative de l'histoire en en fixant les étapes importantes au tableau.

Une vieille habite dans une bouteille de vinaigre. Elle se plaint. Une fée passe... La vieille aimerait bien…
- *une maison avec un petit jardin*
- *une maison dans une rue avec des marchands*
- *une grande maison dans un parc à la campagne*
- *devenir duchesse, reine, papesse*

Mais comme la vieille ne remercie jamais la fée après avoir exaucé ses vœux, la fée la renvoie dans sa bouteille !

2 Faire raconter

a Alternative 1
Les élèves sont assis en cercle, ils racontent l'histoire entière, étape par étape, sans regarder le texte et à tour de rôle.

b Alternative 2
Un élève prend le rôle de la vieille, un autre celui de la fée, du narrateur ou de la narratrice. Un autre groupe ou toute la classe peut apprendre par cœur et répéter la formule « magique » de la fée et l'insérer dans la narration.
« Ce soir, avant de t'endormir, tourne trois fois dans ton lit et demain, tu verras bien ! »

Conseil

Ne pas corriger l'élève pendant qu'il parle, ne pas lui couper la parole. Accepter tous les énoncés : longs, courts, complets ou non, suivant la capacité linguistique de chaque élève. Le professeur fournit ou fait fournir par les autres élèves les éléments manquants. La meilleure formule sera ensuite apprise et répétée. Le but est de restituer l'histoire dans son intégralité et non d'obtenir des performances linguistiques parfaites. Cela renforce l'esprit d'équipe entre les élèves : on ne travaille pas « chacun pour soi », mais pour l'histoire.

3 Faire jouer l'histoire

Pour donner un objectif à ce travail qui peut aller de la simple narration à une véritable petite prouesse artistique avec refrains repris en chœur, on peut choisir d'inviter les amis, les parents ou une autre classe.
Les élèves jouent en petits groupes de deux ou trois (avec ou sans narrateur). Ils doivent absolument inclure les formules des deux personnages principaux (la vieille : *« Ah, si c'est pas malheureux… ! »« Si seulement j'habitais… ! »« Je devrais être… !» « Je voudrais être… ! »* ; la fée : *« Ce soir, avant de t'endormir, tourne trois fois dans ton lit et demain, tu verras bien ! »*)

4 Ajouter une « voix off »

Pendant que certains élèves jouent l'histoire, un autre élève va se cacher et ajouter en « voix off » les pensées de la fée devant l'attitude de la vieille :
Exemple
« Elle veut encore autre chose / toujours plus !
Vraiment, elle exagère !
Elle ne me remercie même pas.
Elle est vraiment trop égoïste.
Elle ne pense qu'à elle.
Elle ne mérite pas que je l'aide !
Puisque c'est comme ça, je la renvoie dans sa bouteille !
… »

* IV Activités de créativité

Proposer les activités suivantes, au choix :

1 Vous êtes peintre.

Dessiner ou peindre :
- un portrait de la vieille.
- un portrait de la fée.
- les différentes habitations de la vieille.

2 Vous êtes reporter.

Écrire un article pour un journal sur les « aventures » de la vieille et sur ses différents logements.

Pour aider les élèves à formuler des phrases, leur distribuer le « vocabulaire essentiel » des contes.

➤ **KV 26**, pp. 108, 109

3 Vous êtes metteur en scène.

a Distribuer les personnages de la fée et de la vieille et leur ajouter :
- un petit diable qui chuchote des paroles à l'oreille gauche de la vieille.
- un petit ange à l'oreille droite.

b Faire intervenir d'autres personnages qui jouent un rôle dans l'histoire.

4 Vous êtes juge ou avocat.

Partager la classe en deux groupes : l'accusation (les juges) et la défense (les avocats).

La vieille est l'accusée : De quoi est-elle coupable ?
La défense : Pourquoi est-elle devenue comme cela ? Il doit y avoir une raison.
Trouver des arguments pour la défendre.

V Révisions grammaticales

1 Trouver des synonymes

Distribuer aux élèves une photocopie du texte et leur faire chercher des synonymes de
a) se lamenter   b) être content/e

2 Comment exprimer un souhait / un désir

a Le subjonctif
« Il faut que j'habite / que j'aie une grande maison ! »
« Pourvu que j'habite / que j'aie une grande maison ! »
« Il faut que je sois duchesse ! » ; « Pourvu que je sois duchesse ! »

b Le conditionnel
« Comme j'aimerais avoir / habiter une grande maison ! »
« Je voudrais / j'aimerais être duchesse ! »

c L'imparfait
« Ah, si seulement j'avais / étais… »

La princesse souris

Niveau : à partir de la 2e année d'apprentissage (niveau A2)

⊙ **Pistes 10, 11** ; 3 minutes

➤ **KV 11, 12,** pp. 88 - 90

Résumé
Le roi souris veut trouver le meilleur des maris pour sa fille qui est la plus parfaite des princesses souris. Il va voir les plus prestigieux prétendants et leur demande s'ils veulent épouser sa fille. Aucun ne se sent digne de la princesse souris. Finalement c'est le souriceau qui gagne le cœur de la princesse souris.

Thèmes
1 C'est le plus petit qui gagne.
- Voir le proverbe : « Pourquoi aller chercher si loin ce qui est à nos pieds ? »
- Voir l'équivalent allemand bien connu de Goethe :
„Willst du immer weiter schweifen?
Sieh, das Gute liegt so nah.
Lerne nur das Glück ergreifen,
Denn das Glück ist immer da."
(Goethe, „Erinnerung")

2 L'amour excessif des parents pour leur enfant.

Objectif
Grâce à cette histoire amusante et néanmoins poétique, les élèves seront mis en situation de réussite pour commencer à raconter les histoires. Ils doivent successivement :
- comprendre le motif de l'histoire (la recherche d'un mari)
- mémoriser la succession des étapes
- apprendre à bien prononcer, déclamer, raconter devant un groupe.

Conseil
- Évitez de choisir cette histoire pour réviser le comparatif ! Cela se fera tout seul et de façon ludique.
- Pour raconter et faire raconter cette histoire, il est conseillé de faire asseoir les élèves en cercle.

I Écoute

1 Avant l'écoute

➤ KV 2, p. 78

Préparer les élèves avec un petit jeu de devinettes que l'on retrouve dans toutes les traditions.

- *Qu'est-ce qui est plus fort que le soleil ?* – *Le nuage qui le cache.*
- *Qu'est-ce qui est plus fort que le nuage ?* – *Le vent qui le chasse.*
- *Qu'est-ce qui est plus fort que le vent ?* – *La montagne qui l'arrête.*
- *Qui est-ce qui est plus fort que la montagne ?* – *L'homme qui gravit la montagne.*
- *Qui est-ce qui est plus fort que l'homme ?* – *La femme qui prend son cœur.*
- *Qui est-ce qui est plus fort que la femme ?* – *L'enfant qui est le chéri de sa mère.*

Pour cela, dessiner des petits schémas au tableau ou utiliser le transparent avec les illustrations **KV 2**, p. 78

Dessiner un soleil ou montrer le dessin et poser la première question « *Qu'est-ce qui est plus fort que le soleil ?* » Laisser les élèves discuter et deviner. Ensuite, dessiner le nuage, etc. Cela peut se passer sous forme de petite conversation qui familiarise les élèves avec ces enchaînements successifs qu'on retrouve dans « La princesse souris ».

Faire répéter plusieurs fois cet enchaînement, individuellement ou en groupe, jusqu'à ce que les élèves le connaissent par cœur.

2 Première écoute

Faire écouter toute l'histoire en une fois.

3 Deuxième écoute

Retracer les différentes étapes de l'histoire et les noter.

- **Pour commencer/d'abord :** il y a le roi, la reine et leur fille.
- **Ensuite :** Le roi cherche un mari pour sa fille.
- **Puis :** il y a la rencontre de la princesse souris et du souriceau.
- **Après :** ils se marient.
- **Pour finir/enfin :** ils ont des enfants.

II Fenêtres sur l'imaginaire

1 Décrire le physique et le caractère de la princesse souris

a Faire dresser par toute la classe, une liste d'adjectifs masculins et féminins au superlatif.
Compléter la liste avec d'autres adjectifs, si nécessaire.
Faire prononcer ces adjectifs à l'oral d'abord; puis les faire noter par les élèves à la fin de la séance.

Exemples

- gai, -e ➤ le plus gai, la plus gaie
- joli, -e
- fort, -e
- intelligent,e
- doux, -ce
- gentil, -le
- mignon, -ne
- créatif, -ve
- amusant,e
- joyeux, -se
- courageux, -se
- généreux, -se
- malin, maligne
- rusé,e
- sympathique

b Compléter la liste des adjectifs.
Imaginer les enfants de la princesse souris et du souriceau avec toutes les qualités de leur père et de leur mère.

2 Faire jouer

À l'issue de la deuxième écoute, faire retrouver ou donner aux élèves les répliques du roi et la réponse des « personnes » interrogées.

a Les répliques
Il faudra les apprendre par cœur. Faire commencer par le soleil et finir par le souriceau :

- *« Soleil, soleil, toi qui es fort, si fort, veux-tu épouser ma fille ? C'est la plus jolie, la plus intelligente, la plus douce, la plus gentille, la plus créative, la plus amusante, la plus gaie, la plus généreuse, la plus courageuse, la plus mignonne... de toutes les princesses souris de la terre ! »*
- *« Moi, fort ? Mais non ! **Le nuage qui me cache** est beaucoup plus fort que moi ! Va voir **le nuage** ! »*

b Les personnages

- Un narrateur ou une narratrice
- Le roi (la reine, la princesse souris)
- Le soleil, le nuage, le vent, le mur, le souriceau.

c D'autres scénarios possibles
Comment un roi qui veut marier sa fille / son fils peut-il procéder pour trouver le meilleur mari / la meilleure épouse du monde ?
Imaginer d'autres scénarios possibles.

III Narration

1 Faire raconter

Il est conseillé de faire exécuter les activités proposées pendant l'heure de cours suivante ou pendant plusieurs heures de cours. Il est préférable même de reprendre cette activité plus tard (deux semaines plus tard, par exemple). La mémoire est parfois infidèle et cela peut donner lieu à des modifications de l'histoire, parfois cocasses.
Les élèves vont prendre conscience du plaisir qu'on trouve à se rappeler une histoire. Se rappeler est inhérent à l'activité de raconter puisqu'il s'agit de transmettre quelque chose à quelqu'un à l'aide de la mémoire. Le plus grand plaisir à raconter consiste à le faire devant un nouveau public.

Au préalable

- L'histoire est au passé simple, mais les élèves peuvent la raconter au présent.
- Si les élèves désirent utiliser le temps des contes, c'est-à-dire le passé simple, leur donner les formes de quelques verbes : *il alla, il demanda, il répondit, ils se regardèrent, ils firent connaissance, ils se marièrent, ce fut un beau mariage, ils eurent beaucoup d'enfants…*
- Expliquer, si besoin est, ou rappeler la différence entre le passé simple et l'imparfait.

2 Raconter

a Par deux
Les élèves se mettent par deux. Chacun(e) raconte l'histoire à son / sa partenaire.

b En groupe
Les élèves sont répartis en deux groupes : ils sont assis en deux demi-cercles, ils racontent à tour de rôle, volontairement ou après y avoir été invités par l'enseignant. Le but est de raconter cette histoire à un autre groupe, à une autre classe ou devant un public extérieur.

3 De l'oral à l'écrit

a Le texte de l'histoire doit être donné aux élèves le plus tard possible, après qu'ils ont eu la possibilité de la raconter. Faire comparer la version orale créée par les élèves et le texte d'origine.

b Donner le texte et le faire **lire et écouter simultanément** : Faire lire le texte à voix basse, puis à haute voix par les élèves.

c Comparer les deux expériences : raconter ou lire à haute voix.

IV Activités supplémentaires

1 Choisir une autre perspective pour raconter

a La sélection des maris
Faire imaginer et noter les pensées de la princesse souris pendant qu'on lui cherche un mari.

b L'amour parents-enfants
Inverser les rôles. Une princesse souris veut trouver un nouvel époux pour son père / sa mère veuf/veuve. Quelles qualités est-ce que les enfants attribuent à leurs parents ?

* 2 Inventer une histoire

Faire écrire individuellement ou en groupe, une histoire similaire avec un autre animal comme protagoniste, comme par exemple, un singe qui veut marier sa fille (utiliser d'autres adjectifs).

3 Discuter

a Réfléchir au « sens » de ce conte.
Les élèves notent leurs réflexions et les échangent avec la classe.

b Organiser un débat.
- Qui sera le meilleur mari (la meilleure femme) dans la vie « réelle » ? Celui (celle) qui vous ressemble ou celui (celle) qui est tout à fait différent(e) ?
- Comment imaginez-vous le / la partenaire idéal(e) ?

c Est-ce le rôle des parents de chercher un époux pour leur fille ?
Faire trouver des arguments pour ou contre un tel « mariage arrangé ».
Quelles sont les raisons qui ont mené à un tel mariage dans le passé ?
Comment est-ce que cela se passe dans d'autres cultures ?
Faire chercher des exemples.

Ouagadou Gomépé

ou

Comment les fruits et les légumes sont arrivés sur la terre

Conte africain

Niveau : à partir de la 3e année d'apprentissage (B1)

⊙ **Pistes 12 - 16** ; 5 minutes

➤ **KV 13, 14, 15,** pp. 91 - 94

Résumé

Comment les fruits et les légumes sont arrivés sur la terre ? Une tortue rêve d'un arbre couvert de fruits et de légumes. Elle ne connaît pas le nom de l'arbre et ne sait pas où le trouver. Alors, elle se met en route à la recherche de Grand-mère Coco qui a la réputation de tout savoir. Comme la tortue est lente, plusieurs animaux lui proposent d'y aller à sa place. Hélas, ils reviennent tous sans le nom de l'arbre. Finalement, la tortue décide d'y aller toute seule et quand elle revient, le miracle se produit !

Thèmes

- Il faut toujours avoir une vision, un rêve pour se mettre en marche.
- Proverbe : On n'est jamais mieux servi que par soi-même !
- Proverbe : Patience et longueur de temps font plus que force ni que rage.
- Expression : Qui cherche trouve !

I Écoute

1 Avant l'écoute

a Stipuler

Dire et faire dire à haute voix aux élèves le titre « Ouagadou Gomépé ». Que leur évoque ce mot ? Faire donner des hypothèses sur le contenu de l'histoire.

b Esquisser

Faire des esquisses au tableau d'un arbre, d'une tortue, d'un lion, d'un éléphant et d'une autruche ou montrer les dessins sur le transparent (➤ **KV 15,** p. 94).

⊙ 2 Première écoute : la pêche aux mots

Après une première écoute, inviter les élèves à dire ce qu'ils ont compris ou entendu, même simplement des mots isolés. Ensuite, les inviter à formuler les images que le texte a évoquées en eux. Noter tout en vrac au tableau.

⊙ 3 Deuxième écoute

Pendant la deuxième écoute, esquisser le trajet de la tortue et des autres animaux au tableau avec les différents obstacles qui se présentent sur leur chemin: la fourmilière, la branche avec des épines, l'étang avec de la boue.

II Fenêtres sur l'imaginaire

1 Visualiser

Afin que les élèves ne fixent pas toute leur attention sur des moments précis de l'histoire, les inviter à fermer les yeux et à visualiser toute l'histoire comme un film, sur leur « écran intérieur ».

2 Mimer

Après la visualisation, place au mime ! Inviter quelques élèves à mimer les différents personnages : la tortue, le lion, l'éléphant, l'autruche et Grand-mère Coco. À ce stade, ils ne doivent pas encore utiliser la parole.

Conseil

Il est important de dire aux élèves qu'ils prennent l'habitude, avant de procéder à tout autre exercice, de voir des images, sans se préoccuper de mettre des mots précis sur ces images. Leur expliquer qu'ainsi, ils seront en mesure de mieux comprendre l'histoire, de se la remémorer, et ensuite de procéder à la production orale ou écrite.

3 Lancer la parole

Les élèves peuvent commencer à mettre des mots sur les images.

a En décrivant le monde au début de l'histoire :
- Il y a ... des animaux sauvages, comme une tortue, un lion, un éléphant, une autruche, un serpent, un aigle, un singe, un guépard ; etc.
- Il n'y a pas ... d'animaux domestiques, comme une vache, un mouton, une chèvre, un cheval, un chien, un chat, un canari, etc.
- Le paysage ressemble à ... une forêt immense, une ville gigantesque, une montagne enneigée, un désert de sable, ...
- L'histoire se passe ... en Europe, en Amérique, au Tibet, en Afrique...

b En regardant de plus près le rêve de la tortue :
Faire imaginer, décrire ou dessiner l'arbre à fruits et à légumes.
- À quel arbre connu vous fait-il penser ? (à un chêne, à un hêtre, à un bouleau, à un platane, à un tilleul, à un sapin, à un bananier, à un cocotier, ...)
- Quels fruits porte-t-il ?
  - o Des cerises, des fraises, des pêches, des pommes, des poires, des melons, des abricots, des bananes, des oranges, des citrons, des mangues, des papayes, des grappes de raisin, des framboises, des mûres...
- Quels légumes a-t-il ?
  - o Des courgettes, des haricots, des pommes de terre, des carottes, des salades, des aubergines, des petits pois, des épinards, des poireaux...
- Vous fait-il penser à un tableau, une photographie, une œuvre d'art ?
  - o À un tableau de Giuseppe Arcimboldo, par exemple.

c En décrivant Grand-mère Coco :
- Est-elle jeune, vieille, jolie, laide, ... ?
- Est-ce une personne, un animal, un esprit de la forêt... ? Décrivez-la.
- Grand-mère Coco sait tout... Mais comment a-t-elle appris toutes ces choses ?

d En énonçant des hypothèses sur « Ouagadou Gomépé » :
- D'où peuvent venir ces deux mots ?
- Que peuvent-ils vouloir dire ?
- Est-ce une formule magique ?

Ces deux mots sont associés à des formules qui reviennent souvent dans le texte. Faire retrouver ces formules par les élèves :
« Celui qui connaît le nom de l'arbre le trouvera, celui qui dit le nom de l'arbre fera tomber tous les fruits et tous les légumes sur la terre. Je connais le nom… le nom pourrait sortir de ta mémoire ! »

e En rajoutant d'autres animaux :
La tortue décide d'envoyer d'autres animaux à la recherche du nom de l'arbre.
- Quels autres animaux va-t-elle choisir ?
- Pourquoi ?
- Quels obstacles vont trouver ces animaux sur leur chemin ?

Exemple
- Un aigle : il ne voit pas un filet.
- Un serpent : il ne voit pas un piège.
- Un guépard : il ne voit pas un trou.

III Narration et interprétation

1 Trouver la structure narrative de l'histoire

Faire trouver les différentes parties du texte. Si les élèves ont besoin d'aide, donner éventuellement le début de chaque partie.
Puis, inviter les élèves à compléter.
Au besoin, donner un mot manquant pour relancer la narration.

Conseil

Expliquer la différence entre « à cause de » et « grâce à », deux conjonctions qui apparaissent maintes fois dans cette histoire et qui posent souvent problème aux élèves.

a Introduction
Au début, le monde est peuplé uniquement d'animaux, il n'y a ni humains, ni fruits, ni légumes.
La tortue fait un rêve. Elle voit dans son rêve, un arbre couvert de fruits et de légumes, mais elle ne connaît pas son nom, et elle ne sait pas où il se trouve.

b Le voyage chez Grand-mère Coco
1 La tortue se met en route pour aller voir Grand-mère Coco qui sait tout.
2 Elle rencontre le lion. Il part à sa place. Il trouve Grand-mère Coco qui lui donne le nom de l'arbre. Hélas, le lion marche sur une fourmilière et il oublie le nom de l'arbre.
3 La tortue envoie l'éléphant chez Grand-mère Coco à cause de sa mémoire. Mais il marche sur une branche pleine d'épines et oublie le nom.

4 La tortue envoie l'autruche à cause de sa rapidité. Mais elle glisse dans un étang avec de la boue et revient sans le nom.
5 Alors, la tortue se met elle-même en route. Elle met une année et trouve Grand-mère Coco.
6 Elle repart dans son village. Elle contourne la fourmilière, la branche avec les épines, l'étang avec la boue. Son voyage dure plusieurs mois.

c Le retour de la tortue et le miracle
Après plus de deux années de route, elle arrive au village.
Elle appelle tous les animaux et répète la formule : « *Celui qui sait le nom de l'arbre va le trouver !* »
Elle prononce le nom de l'arbre : « Ouagadou Gomépé ! »
Aussitôt un arbre magnifique apparaît devant tous les animaux.
Elle dit encore : « *Celui qui dit le nom de l'arbre fera tomber tous les fruits et tous les légumes sur la terre !* »
Elle crie : « Ouagadou Gomépé ! » et tous les animaux crient avec elle.
Aussitôt les fruits et les légumes tombent sur la terre.
Les animaux les mangent et recrachent les pépins.
Les pépins sont emportés par le vent ; ils retombent sur la terre.
Au printemps suivant, des fruits et des légumes poussent partout sur la terre.

d Conclusion
Aujourd'hui, nous les humains, si nous pouvons manger des fruits et des légumes, c'est grâce à la tortue et à son rêve !

2 Systématiser et fixer la narration

Former des groupes. Un groupe se charge de l'introduction, le deuxième de la tortue, les autres du lion, de l'éléphant, de l'autruche, de Grand-mère Coco, un autre du retour et le dernier de la conclusion.
Demander aux membres de chaque groupe de récapituler leur partie et prier les élèves de dire correctement les formules.

Conseil

Veiller à ce que les élèves même les plus faibles participent. Même si c'est pour dire une seule phrase. Ces élèves peuvent écrire cette phrase pour l'apprendre et être sûrs de ne pas l'oublier.

Par exemple
Grand-mère Coco : « *La tortue a raison, son rêve est juste : Celui qui connaît le nom de l'arbre le trouvera ! Celui qui dit le nom de l'arbre fera tomber tous les fruits et tous les légumes sur la terre !* »

Puis, l'animal qui demande conseil à Grand-mère Coco la remercie et retourne au village. Tout le long du chemin, au rythme de ses pas, il répète le nom de l'arbre.

La dernière phase du cours consiste à raconter l'histoire en entier. Les formules peuvent être dites par tout le monde, à la manière d'un refrain…

3 Discuter

- Quel est le sens profond de cette histoire ?
- Expliquez pourquoi il faut attendre la tortue pour que la bonne formule arrive.

IV Activités de créativité

a Jouer l'histoire et la mettre en musique.
Inviter les élèves à apporter des instruments de musique (tamtams, maracas, tambourins, etc). On peut imaginer une vraie création musicale et un jeu bien rythmé (avec les instruments et la voix). Les élèves peuvent par exemple chanter les formules qui reviennent souvent, comme un refrain de rap.

b Faire dessiner une BD ou faire faire des petits dessins animés de cette histoire.

V Activités supplémentaires

- Connaissez-vous d'autres histoires (contes ou fables) qui, à votre avis, reprennent ce même thème ? Si oui, citez-les !

Exemple
« Le lièvre et la tortue » de Jean de La Fontaine
"Hase und Igel" (Deutsches Volksmärchen)

- Dites en quoi elles sont différentes de « Ouagadou Gomépé ».

D Les contes traditionnels : Compréhension globale

La fée Renarde

Niveau : à partir de la 3e année d'apprentissage (niveau B1)

⊙ **Pistes 16 - 19** ; 6 minutes

➤ **KV 16, 17,** pp. 95 - 97

Résumé
Un homme pauvre demande de l'aide à son frère riche qui la lui refuse et qui l'envoie trouver la fée Renarde. Sur le chemin, il rencontre le figuier, l'aigle et le ruisseau. Tous les trois chargent le pauvre homme de poser une question à la fée Renarde. L'homme trouve la fée Renarde, pose les trois questions et fait exactement ce que la fée Renarde lui dit de faire. À chaque fois, il se voit récompensé et rentre chez lui couvert de grandes richesses. Le frère riche est jaloux et décide de faire la même chose. Mais la fée punit sa cupidité et il est englouti par le ruisseau.

Thème
- La simplicité et la sincérité sont récompensées.
- L'avarice est punie.
Ces valeurs sont caractéristiques des contes où interviennent les fées.

Objectif
Cette histoire a le mérite de familiariser les élèves avec le vocabulaire de base et les moyens linguistiques les plus utilisés dans le conte et dans la vie courante (expression du déplacement et des changements de lieux, du dialogue et du récit, des transformations). Elle suscite une multitude d'activités : entraînement à la narration, à la formulation d'hypothèses, à l'ouverture des fenêtres sur l'imaginaire.

Remarques
Le récit est au passé simple. Laisser les élèves le découvrir seuls. Les laisser raconter au présent ou au passé composé (ou au passé simple, pour les plus avancés).

Conseil
Les activités proposées dans cette leçon sont multiples et ne peuvent pas être traitées en une séance, ni même en plusieurs séances consécutives.
Il est recommandé d'opérer une sélection correspondant aux besoins et aux goûts de la classe. En outre, il est préférable de reprendre le travail sur la même histoire après des pauses d'au moins une semaine : ainsi vous veillerez à ne pas épuiser l'intérêt des élèves et vous permettrez une mémorisation plus efficace.

I Écoute

1 Avant l'écoute

Donner quelques mots : faire des petits dessins schématiques au tableau si besoin est.

Dans l'histoire il est question d'...

- *un figuier*
- *un aigle*
- *un ruisseau*
- *une faucille*
- *une colline*

2 Première écoute (globale)

Demander aux élèves, en même temps qu'ils écoutent l'histoire, de se représenter mentalement le parcours de l'homme pauvre et les rencontres qu'il fait sur son chemin. Pour certains élèves, il est plus facile d'écouter les yeux fermés.
Inviter les élèves à visualiser les personnages (ou les personnifications) dans l'ordre d'« apparition », et leur associer une image représentant le problème de chacun.

- un figuier qui n'a pas de fruits
- un aigle qui ne peut pas voler
- un ruisseau sans poissons

II Narration

1 Retracer les différentes étapes de l'histoire

a Tracer un schéma au tableau avec le trajet effectué par le frère pauvre. Demander aux élèves de participer en retrouvant les différentes étapes du parcours.

b Faire commenter le schéma en nommant les étapes de l'histoire et en y associant les adverbes de temps.

- **D'abord**, un homme pauvre va voir son frère riche et lui demande de la farine.
- Mais le frère riche ne veut rien donner à son frère pauvre et l'envoie trouver la fée Renarde.
- **Alors**, le pauvre homme décide d'aller voir la fée Renarde. En route, il rencontre un figuier, un aigle et un ruisseau. Chacun des trois « personnages » a une question personnelle à poser à la fée Renarde et c'est à l'homme pauvre de poser ces questions à la fée et d'en apporter la réponse.
- **Immédiatement**, la fée Renarde donne les réponses aux questions des trois « personnages ».
- **Ensuite,** le pauvre homme se remet en route et retrouve le ruisseau, l'aigle et le figuier. Il fait ce que la fée lui a dit de faire.
- **À la fin**, grâce à elle, le pauvre homme rentre chez lui couvert de richesses.
- **Pour finir/finalement**, le frère riche, cupide et jaloux, veut en faire autant mais en chemin, il est englouti par le ruisseau.

2 Raconter l'histoire

Attirer l'attention sur la différence entre le discours direct utilisé dans les dialogues et le discours indirect, nécessaire au récit.

a Au présent
Faire raconter l'histoire aux élèves en rappelant ce que les trois « personnages » demandent au frère pauvre.
Les élèves sont assis en cercle et doivent raconter l'histoire ensemble et le plus fidèlement possible. Les élèves prennent la parole librement ou à tour de rôle.
Vérifier que les détails ont été bien compris. Veiller à ce que les élèves s'écoutent mutuellement pour pouvoir améliorer et compléter leur intervention.
Noter éventuellement les verbes de mouvement au tableau ou donner la fiche de vocabulaire.
Si les détails n'ont pas été compris, procéder à une seconde écoute.

b En groupe
Constituer 7 groupes : chaque groupe doit retrouver une partie de l'histoire.

Répartir les différents épisodes de l'histoire en donnant aux élèves quelques mots-clés :
Groupe 1 : il est chargé du début de l'histoire *(deux frères, refuser, la farine, aller voir la fée Renarde, se mettre en route)*
Groupe 2 : il retrace l'épisode du figuier *(rencontrer, dormir, porter des fruits, marcher longtemps)*
Groupe 3 : il retrace l'épisode de l'aigle *(voler, dormir sous son aile, se remettre en route)*
Groupe 4 : il retrace l'épisode du ruisseau *(les poissons, traverser)*
Groupe 5 : il est chargé de la rencontre avec la fée Renarde *(monter sur une colline, engloutir un homme, enlever la pierre, gratter les racines de l'arbre, les pots l'empêchent de…, la faucille, porter bonheur).*
Groupe 6 : il retrace l'épisode du retour à la maison *(se remettre en route, gratter la pierre avec la faucille, se changer en, une fortune).*
Groupe 7 : il est chargé de la fin de l'histoire *(le frère jaloux, l'eau monte, les poissons).*

Chaque groupe discute et prépare sa partie, puis les groupes se mettent en commun pour reconstituer toute l'histoire.

c Au discours direct et indirect

Discours direct	**Discours indirect**
Le figuier abrite le frère pauvre du froid et le matin, il lui demande : « Où vas-tu ? »	Le figuier abrite le frère pauvre du froid et le matin, il lui demande où il va.
Il demande à la fée Renarde : « Pourquoi le figuier n'a-t-il pas de fruits, pourquoi l'aigle ne peut-il pas voler, pourquoi le ruisseau n'a-t-il pas de poissons ? »	Il demande à la fée Renarde pourquoi le figuier n'a pas de fruits, pourquoi l'aigle ne peut pas voler, pourquoi le ruisseau n'a pas de poissons.
« Va dire au ruisseau : Engloutis un homme ! »	« Va dire au ruisseau qu'il doit engloutir un homme ! »
Il demande à l'aigle : « Est-ce que je peux dormir sous ton aile ? »	Il demande à l'aigle s'il peut dormir sous son aile.

d Pour les niveaux plus avancés
Faire raconter l'histoire au passé en respectant l'emploi des temps (passé composé, passé simple, ou imparfait).

3 Discuter

a Quel est le message de cette histoire?
- La jalousie mène au malheur (honni soit qui mal y pense !)
- Les fées interviennent dans le destin des humains. Elles rétablissent la justice.

b Connaissez-vous d'autres contes similaires ?
- Retrouvez dans votre culture ou dans les contes que vous connaissez, des contes similaires.
  Par exemple, Le pêcheur et sa femme ; Frau Holle ; La vieille dans la bouteille.

III Fenêtres sur l'imaginaire

1 Imaginer et décrire les personnages

a La fée Renarde
- Qui est la fée Renarde ?
- Que fait-elle ?
- Comment est-elle, comment vit-elle ?
- A-t-elle une famille, des voisins, où habite-t-elle, comment se nourrit-elle, comment parle-t-elle ? etc.

b Le frère riche
- Comment l'imaginez-vous ?
- Parlez de son caractère, de son cadre de vie, de ses habitudes.

c Le frère pauvre
- Comment le voyez-vous ?
- Quel est son cadre de vie ?
- Comment sont ses enfants et sa femme ?
- Quel est son caractère ? etc.

2 Imaginer l'histoire vue par les autres personnages

Faites réécouter l'histoire aux élèves au début de chaque nouvelle heure de cours.

Former 3 groupes qui présenteront successivement leur version à la classe.

a Le frère pauvre raconte son aventure à sa famille en rentrant.

b Un des cinq enfants raconte les aventures de son papa à ses copains.

c La fée Renarde raconte tout cela à ses amies, les autres fées.

IV Activités supplémentaires

1 Deviner

Faire tirer un rôle au sort et faire jouer ce rôle : le frère riche, le frère pauvre, le figuier, l'aigle, le ruisseau, la fée Renarde.

L'élève qui a tiré un rôle au sort doit dire une ou deux phrases qui le caractérisent et les autres élèves doivent deviner de quel personnage il s'agit :

Exemple
« Pourquoi est-ce que tu n'as pas donné de farine à ton frère ? »

2 Imaginer la conversation entre les deux frères

Imaginer la conversation entre les deux frères au début du conte, quand le frère pauvre vient demander à son frère de lui donner de la farine. Donner les détails de cette conversation.

- Quelles sont les pensées du frère riche ?
- Quel est son rêve après le retour de son frère « pauvre » ?

3 Élargir l'histoire

a Le frère pauvre rencontre au moins deux autres problèmes à résoudre sur son chemin:

- une fontaine qui n'a plus d'eau / un crapaud qui bouche la fontaine / un bracelet en or.
- une chèvre qui n'a plus de lait / un serpent qui boit le lait de la chèvre pendant la nuit / un collier de perles.
  Il va voir la fée pour l'aider à résoudre ces problèmes.
- Qu'est-ce qu'il lui demande?
- Qu'est-ce qu'elle lui répond ?

b Le frère riche voudrait faire une bonne action pour se racheter. Il va trouver la fée Renarde.

- Qu'est-ce qu'il lui demande?
- Qu'est-ce qu'elle lui répond ?

c Changer la fin de l'histoire et trouver une fin heureuse pour les deux frères.

4 Mettre en scène

a Former des groupes de 6 élèves et réécrire le conte en employant uniquement le discours direct. Fabriquer ensuite (ou faire apporter par les élèves) des objets se rapportant au conte (une pierre, 2 pots de noix, etc). Faire jouer le conte.

b Inventer un conte des temps modernes.

Une fée, un ange ou un autre personnage met fin à une situation quotidienne injuste. Décrire cette situation et les solutions qui permettent de mettre fin à l'injustice.

Rappeler d'abord la structure du conte :

- la situation précaire / injuste
- la demande d'aide rejetée ;
- la longue marche ;
- les obstacles / les tâches à remplir ;
- l'objet-clé / les formules-clés ;
- l'accomplissement / la solution / la récompense

Encourager les élèves à organiser leur propre histoire autour d'étapes du même genre.

Qui a rendu la vie au chasseur mort ?

Conte africain

Niveau : à partir de la 3e année d'apprentissage (niveau B1)

⊙ **Pistes 20 -24** ; 5 minutes

➤ **KV 18, 19,** pp. 98 - 100

Résumé
Un jour, un chasseur parti à la chasse, ne revient pas. Ses 3 fils aînés l'oublient, mais le dernier-né qui ne l'a pas connu, ne cesse de poser des questions à son sujet. Des années plus tard, les 4 fils retrouvent les ossements de leur père et lui rendent la vie. Pour finir, ils lui demandent lequel d'entre eux lui a vraiment redonné la vie...

Thème
- La sagesse
- La mort véritable, c'est l'oubli.

Objectif
L'intérêt de cette histoire consiste à faire raconter. Cette histoire permet de formuler des hypothèses et de discuter sur son sens profond : la mort véritable, c'est l'oubli.

I Écoute

1 Avant l'écoute

Cette histoire se passe en Afrique et raconte l'histoire d'un chasseur qui, un jour, part à la chasse et ne revient pas.

Imaginer et discuter :
- Où est-ce que le chasseur vit ?
- Qu'est-ce qu'il chasse ?
- Comment ? Avec quelles armes ?
- Pourquoi est-ce qu'il va à la chasse ?
- Décrire sa famille.

Conseil
Avant d'entrer dans l'histoire, il est recommandé d'explorer un petit peu le champ sémantique concernant la chasse et la vie dans la forêt.
Au lieu d'écouter l'histoire en une fois, il est préférable de réserver des moments de pause pour permettre aux élèves de réfléchir eux-mêmes à la suite de l'histoire et de formuler ainsi des hypothèses. Cela ajoute du suspense, augmente l'intérêt et les oblige à raconter.
Naturellement, ce n'est qu'une possibilité ; on peut aussi décider de faire écouter aux élèves toute l'histoire en une fois et de leur faire donner leurs impressions après l'écoute.

2 Écoute avec interruptions

Formuler des hypothèses

a « *Un soir, il ne rentre pas.* »
- Que s'est-il passé ?

Faire formuler des hypothèses commençant par :
Peut-être que…, il est peut-être…, il a dû…, il a sûrement…

b « *Mère, où est notre père ?* »

Faire poser les questions à la place du dernier fils.
- Qu'est-ce qu'il demande à sa mère ? Qu'est-ce qu'il veut savoir ?
- o Mère, où est allé notre père ?
- o Mère, pourquoi est-ce qu'il n'est pas revenu ?
- o Mère, comment était notre père ? Est-ce qu'il était grand, fort ? Etc.

c « *Le troisième fils s'approche du corps, souffle sur lui, prononce des paroles magiques :* »

- Que dit le troisième fils ?

Faire formuler des hypothèses par les élèves.
Accepter toutes les propositions des élèves et les laisser discuter avant de poursuivre.

d « *En vérité, c'est lui qui m'a rendu la vie…* »

- Pourquoi est-ce que le père dit cela ?

Laisser répondre les élèves et/ou les laisser discuter entre eux.

À la fin, leur donner la réponse du père : « *En vérité, c'est lui qui m'a rendu la vie… Sans ses questions incessantes, je serais resté mort, englouti dans l'oubli !* »

II Narration et interprétation

1 Structure de l'histoire

Retrouver les différentes parties de l'histoire et donner un titre à chacune.

a Introduction : Le chasseur et sa famille
- Il y a un chasseur, trois fils et la mère qui attend un enfant.
- Le père va à la chasse avec un arc, des flèches et un couteau.
- Le chasseur chasse des bêtes sauvages.
- La femme prépare la viande pour la manger.

b Le père ne revient pas.
- Le soleil disparaît.
- La mère s'inquiète, les fils s'inquiètent.
- Le chasseur ne revient pas.

c La vie après la mort du père
- Le quatrième fils vient au monde.
- Les 3 premiers fils grandissent et oublient leur père.
- Le dernier fils pose sans cesse des questions à sa mère sur son père disparu.

d À la recherche du père
- Les 4 fils vont dans la forêt à la recherche de leur père.
- Ils découvrent des ossements.
- Ils prononcent des formules magiques : « Que… ! »
- Le squelette se reforme.
- La chair, le sang, les veines recouvrent le squelette.
- Le corps du père retrouve le souffle et le mouvement.

e Le retour à la maison
- Le père est vivant.
- Le père et les 4 fils rentrent à la maison.
- Ils font la fête.

f Qui a rendu la vie au chasseur mort ?
- Les fils veulent savoir lequel des 4 a rendu la vie à son père.
- Le père leur répond…

2 Faire raconter

Faire raconter l'histoire au présent de narration ou au passé composé.

Conseil

Faire asseoir les élèves en cercle. Donner la parole à celui qui la demande. Exiger que les autres ne lui coupent pas la parole et se contentent d'écouter. Après seulement, ils pourront intervenir, reprendre, reformuler en corrigeant les fautes et les inexactitudes. Les élèves sont invités à s'entraider, à se donner des mots, des tournures, à se poser des questions quand ils ne se comprennent pas, à se corriger. L'histoire est au centre de l'intérêt, au centre du cercle. Le professeur est au service de l'histoire.

3 Discuter

a Ouvrir la discussion :
- Quel est le sens profond de cette histoire ?
o La mort véritable, c'est quand plus personne ne parle de la personne morte.
o La mort véritable, c'est l'oubli. L'oubli de l'autre, de celui qui a existé et vécu.

Cette histoire est une sorte de parabole sur la mort. Les Africains aiment enseigner la vie aux enfants par les histoires. Ils leur parlent du sens de la vie, de la mort, de l'amour.
C'est la vraie tradition orale qui consiste à transmettre oralement une sagesse, un savoir à la génération suivante.

Voilà pourquoi en Afrique, les contes sont très importants et les ancêtres sont respectés - on parle même du « culte des ancêtres ». Ce sont eux qui assurent la transmission de la mémoire et la continuité et qui fondent la société et ses valeurs.
Mais toute cette tradition est de plus en plus menacée par le mode de vie des blancs qui s'impose en Afrique…
Autrefois les conteurs étaient très vénérés, parfois ils connaissaient toute l'histoire de chaque famille du village. On les appelait « les griots ».
Aujourd'hui, les derniers griots sont en train de disparaître. Des chercheurs tentent de recueillir leurs histoires avant qu'il ne soit trop tard !

b Faire rechercher sur Internet des informations sur les contes et les traditions en Afrique.
➤ **Klett Online-Link 525655-0003**

III Activités supplémentaires

1 Jouer l'histoire

a Sans texte
Distribuer les rôles (mère, père, quatre fils) et « mettre en scène » ce conte sans utiliser de mots. Les élèves peuvent utiliser le mime, des sons ou des instruments.

b Avec texte
Les élèves rejouent maintenant la scène mais avec du texte. Ils peuvent reprendre les expressions du conte ou inventer leur propre texte.

2 Le jeu de la « chaise chaude »

Un élève prend le rôle du père disparu. Il se place sur une chaise au milieu du cercle des élèves et les autres élèves lui posent des questions sur son absence, sur sa mort, sur son séjour dans le royaume des morts… les réponses laissent libre cours à l'imagination. L'élève sur la « chaise chaude » répond selon sa fantaisie.

3 Visualiser

Essayer de visualiser et ensuite de décrire la soirée de fête après le retour du père : la mère, les fils, le festin, la musique, l'ambiance…

4 Réfléchir et discuter

- Que faisons-nous, dans notre société, pour lutter contre l'oubli ?

IV Activités de créativité

* **1 Le « chant des ossements »**

Faire composer aux élèves, sous forme de rap, le « chant des ossements ».
Il est possible de rentrer dans les détails et de décrire les parties du corps qui se rassemblent à la façon du gospel « Dry Bones ».
➤ **Klett Online-Link 525655-0003**

2 Une BD

Dessiner une bande dessinée à partir de ce conte et écrire dans les bulles le texte qui convient.

La fille de cire

Conte de Provence

Niveau : à partir de la 3e année d'apprentissage (niveau B1)

⊙ **Pistes 25 - 29** ; 10 minutes

➤ **KV 20, 21,** pp. 101 - 103

Résumé
Un vieux et une vieille qui n'ont pas d'enfants fabriquent une poupée de cire. Le fils du roi tombe amoureux de la poupée et la fait enlever par quatre porteurs. Ils doivent l'amener au château. En chemin, les fées donnent la vie à la poupée de cire qui devient une belle jeune fille.

Thème
- le désir d'enfants
- les fées

Objectif
Le contenu de cette histoire se prête à être joué. Les élèves peuvent entrer dans l'histoire et y prendre plaisir très vite, sans s'attacher à la compréhension détaillée. Ils pourront être rapidement créatifs, même après une première écoute qui apporte une compréhension globale.

Conseil
Faire écouter l'histoire à la fin du cours, comme vérification et aboutissement du travail préalable.
Vu la longueur de cette histoire, procéder d'abord à une écoute globale.
Bien expliquer aux élèves qu'ils ne doivent pas s'arrêter aux mots inconnus.
Le résumé qui pourra être mis à leur disposition suffira à réunir les informations nécessaires à la compréhension globale.

I Avant l'écoute

1 Imaginer et décrire

Les fées et les fées marraines sont présentes dans beaucoup d'histoires, comme dans Cendrillon, par exemple… Ce sont les fées qui donnent les dons aux enfants nouveaux-nés.

a À chacun sa fée
Chaque élève imagine une fée, sa fée. Il doit la décrire les yeux fermés.

b Le monde des fées dans les contes et la littérature.
- Parlez des fées que vous connaissez.
- Dans quelles histoires est-ce qu'il y a des fées ? De quels pays est-ce qu'elles viennent ?

- Qui sont-elles, comment sont-elles, que font-elles, où vivent-elles ?
- Donnez des exemples de fées que vous connaissez
  - Mélusine, Morgane, Viviane, Carabosse,... Les fées chez Walt Disney ou dans Harry Potter, etc.

2 Faire jouer

Jouer au jeu « Les dons des fées ».
Faire des groupes de 4 ou 5 élèves. Un élève du groupe est au milieu. Il est soit une fée et fait des dons aux autres personnes du groupe, soit celui qui reçoit les dons des fées. Les autres personnes du groupe sont alors des fées qui distribuent des dons à tour de rôle.

- Quel don aimeriez-vous donner si vous étiez une fée ?
- Quel don aimeriez vous recevoir de la part des fées ?

a Faire réfléchir la classe aux différents dons qu'une fée peut faire. Rassembler les idées et les noter au tableau (ou voir la liste ci-dessous).

b Faire prononcer les formules que les fées pourraient dire ou les dons que les autres désireraient avoir (en employant un nom abstrait ou en employant le subjonctif et l'adjectif qui correspondent).

Je te donne.../ Je voudrais avoir...	**Je souhaite que tu sois... / Je voudrais être...**
la beauté	... beau, belle
la sagesse	... sage
la fidélité	... fidèle
l'intelligence *f*	... intelligent,e
la richesse / la fortune	... riche / fortuné,e
le bonheur	... heureux, -se
la bonté	... bon, bonne
la générosité	... généreux,-se
le courage	... courageux,-se
l'amour *m*	... aimé,e , amoureux,-se
Je te donne...	**Je souhaite que tu aies...**
le succès	... du succès
la chance	... de la chance
l'humour *m*	... de l'humour
la santé	... une bonne santé
une longue vie	... une longue vie
le pouvoir de... rendre les autres heureux	... le pouvoir de... rendre les autres heureux

Le passage d'une tournure à l'autre peut faire l'objet d'un exercice systématique.

II Fenêtres sur l'imaginaire

1 Résumé de l'histoire

Donner le titre de l'histoire. Si nécessaire, expliquer le mot « la cire ».
Lire le résumé suivant ou le faire lire par un élève, ou distribuer le texte à tous les élèves.
Un vieux et une vieille sont très tristes parce qu'ils n'ont pas d'enfants.
Une nuit, la vieille fait de la pâte avec de la farine et de la cire.
Ensemble ils fabriquent une poupée, grande comme une jeune fille.
Ils habillent la poupée et l'assoient à la fenêtre.
Le fils du roi passe par là, voit la poupée, elle lui plaît et il en tombe amoureux.
Il envoie quatre porteurs avec une chaise à porteur pour chercher la fille de cire.
Les porteurs s'arrêtent à l'auberge à midi et laissent la chaise dehors avec la fille de cire à l'intérieur.

Ce résumé va servir à faire imaginer l'histoire par les élèves. Ils seront invités à parler, inventer, fabuler, dessiner, modeler, jouer…
Il sera nécessaire de sélectionner une ou deux seulement des propositions suivantes selon le niveau ou les intérêts des élèves ou mieux de constituer des groupes qui travailleront chacun sur une de ces propositions. À la fin, les résultats du travail de chaque groupe seront présentés à la classe.

2 Les séquences

Reprendre le résumé séquence par séquence ou phrase par phrase et distinguer les propositions de travail suivantes :

a La tristesse des deux vieux
« Un vieux et une vieille sont très tristes parce qu'ils n'ont pas d'enfants. »

- Comment vous imaginez-vous les deux vieux ?
- Parlez de leur maison.
- Imaginez une couleur pour leur tristesse.
- Citez des détails qui montrent qu'ils sont tristes.

b La poupée, les parties du corps
« Une nuit, la vieille fait de la pâte avec de la farine et de la cire. Ensemble ils fabriquent une poupée, grande comme une jeune fille. »

Les élèves réalisent une poupée :
Au choix :
- faire dessiner une poupée ou découper des photos et faire un collage.
- Ou bien apporter de la pâte à modeler pour que les élèves en fassent un « personnage de cire ».
- faire décrire la « poupée » réalisée en citant les parties du corps.

Le corps : la tête, le cou, le tronc, les bras *m*, les mains *f*, la taille, les jambes *f*, les pieds *m*, les doigts *m*, les orteils *m* ou les doigts de pieds.
(Éventuellement : les mollets *m*, les genoux *m*, les cuisses *f*, les épaules *f*, la poitrine, les seins *m*, les fesses *f*)
Le visage : les yeux *m*, la bouche, le nez, les oreilles *f*, le menton, les joues *f*, les cheveux *m*.

c Les vieux finissent la poupée.
« Ils habillent la poupée et l'assoient à la fenêtre. »

Imaginer ce que font les vieux pour faire ressembler la poupée à une vraie fille.
- Ils l'habillent. Ils lui mettent :
  - o une robe, une veste, un foulard, un chapeau, un manteau, des bas, des chaussures…
- Ils la maquillent. Ils lui mettent :
  - o du rouge à lèvres, du bleu pour les yeux, de la poudre pour le visage, du rouge pour les joues…

d Les vieux vivent avec la poupée.
Les vieux vivent avec la poupée comme si c'était leur propre fille vivante…

Imaginez la vie des vieux avec leur fille de cire. Racontez une journée de leur vie.

e Le roi tombe amoureux de la fille de cire.
« Le fils du roi passe par là, voit la poupée, elle lui plaît et il en tombe amoureux. »

Faire décrire le roi et sa réaction quand il aperçoit la fille à la fenêtre. Les élèves peuvent également jouer la scène.

f Le roi fait chercher la fille de cire.
« Il commande quatre porteurs avec une chaise à porteur pour aller chercher la jolie fille à la fenêtre. »
Les porteurs s'arrêtent à l'auberge à midi et laissent la chaise dehors avec la fille de cire à l'intérieur.

Qu'est-ce qui va se passer pendant que les porteurs sont à l'auberge ? Formulez des hypothèses.

3 Imaginer la fin de l'histoire

a Inventer une suite de l'histoire
Les élèves n'ont pas encore entendu la suite de l'histoire. Ils peuvent donc laisser libre cours à leur imagination et inventer une suite.

b Introduire les fées
Donner une piste aux élèves en introduisant les fées dans l'histoire.
« Les fées arrivent et donnent vie à la fille de cire… »
Faire décrire la scène par les élèves ou la leur faire jouer. (voir les dons des fées en I.2 **b**, p.61)

c Imaginer une fin à l'histoire.
« Les porteurs amènent la fille de cire au château, la fille descend de la chaise et… »
Une vraie jeune fille descend de la chaise et le fils du roi l'accueille. Qu'est-ce qui va se passer ? Imaginez la suite et la fin de l'histoire.

Laisser aux élèves le soin de trouver eux-mêmes une suite possible à l'histoire. Leur donner éventuellement le vocabulaire simple, nécessaire à formuler quelques phrases. Au besoin, les aider en suggérant les solutions suivantes :

- Le fils du roi lui plaît...
  Imaginez une fin positive (le mariage, le bonheur, les vieux sont heureux)
- Le fils du roi ne lui plaît pas...
  Dites pour quelles raisons. Puis imaginez... une fin négative (Par exemple : elle s'enfuit et retourne chez ses parents.)
- ... une fin qui redevient une fin positive (Elle appelle les fées qui transforment le prince...)

⊙ III Écoute de l'histoire

Faire écouter l'histoire en entier une première fois d'abord, et une deuxième fois si c'est nécessaire.

1 Discussion et interprétation

a Réactions
Comparer la longue histoire écoutée avec le résumé très court.
- Quelles sont les différences entre l'histoire et le résumé ?
  Avez-vous vu des « images » ?
- Imaginez par exemple la maison des vieux, le fils du roi, la fille, les porteurs, la cour de l'auberge, le paysage, le château, le mariage ... et décrivez-les.

b Réflexion
- Quel est le secret à la fin de l'histoire ?
- Le vieux et la vieille ont formé le corps de la fille, mais ce sont les fées qui lui ont donné la vie et une âme. À quoi est-ce que ça peut vous faire penser ? (Rappelez-vous le récit de la création dans la Bible !)
- Pourquoi est-ce que cela doit rester secret ?
  (Réponse : L'homme ne peut pas être l'égal des fées. Les fées interviennent dans le plus grand secret et en totale liberté. Trop parler d'elles pourraient leur nuire.)

c Discussion
« Ils ont tenu parole les deux petits vieux, ils étaient bien trop heureux ! »
- Comment est-ce que vous comprenez cette fin de l'histoire ? Est-ce que la promesse a vraiment été tenue ? Si les vieux ont vraiment tenu leur promesse, ils n'ont rien raconté à personne. Alors comment pouvons-nous connaître cette histoire ?
- Formulez des hypothèses (peut-être que..., ils ont dû, quelqu'un a dû...).

* IV Activités de créativité

1 Une BD

Faire une petite bande dessinée de l'histoire.

2 Un collage

Chercher des paysages de Provence dans des magazines et des revues et faire un collage.

3 Compléments de lecture

- Cendrillon, la fée marraine
- La méchante fée de la Belle au bois dormant
- La fée Clochette dans Peter Pan
- Y a-t-il une fée chez Harry Potter ?
- Riquet à la houppe de Charles Perrault : C'est l'histoire d'une belle jeune fille et d'un jeune homme bien laid.

E Les contes à étoffer : Création d'histoires

Comment le feu est arrivé sur la terre

Conte de Basse-Normandie

Niveau : à partir de la 3e année d'apprentissage (niveau B1)

⊙ **Piste 30** ; 4 minutes

➤ **KV 22, 23,** pp. 104, 105

Thèmes

Les thèmes du conte sont indiqués dans le titre. Derrière ces thèmes évidents, se cachent des thèmes comme la témérité, l'obstination et le courage.

Résumé

À cette époque-là, il n'y avait pas encore de feu sur la terre.
On demanda aux oiseaux d'aller chercher le feu chez le Soleil, mais ils refusèrent tous, sauf la rebette (il n'y a pas de traduction pour ce mot. La rebette est vraisemblablement un très petit oiseau). Le Soleil lui donna du feu et lui recommanda de ne pas voler trop vite pour le rapporter sur terre. Juste avant d'arriver sur la terre, elle oublia les conseils du Soleil, elle vola trop vite et le feu brûla ses plumes. Alors chacun des autres oiseaux lui donna une de ses plumes et depuis ce jour-là, la robe de la rebette est toute tachetée. Le chat-huant (ou chouette hulotte), qui refusa de l'aider, devint à partir de ce jour, un oiseau nocturne.

Objectif

Prendre cette histoire courte comme point de départ pour inventer ou raconter d'autres histoires. Les activités proposées sont trop nombreuses pour être toutes réalisées. Il faut choisir en fonction du niveau et de l'intérêt des élèves.

Remarque

Le conte « Comment le feu est arrivé sur la terre » est un conte qui fait partie de la catégorie des contes étiologiques appelés communément « contes d'origine » ou « contes du comment et du pourquoi ». Le titre des contes étiologiques contient toujours les mots « comment » ou « pourquoi ». Le conte étiologique répond de façon fantaisiste au pourquoi et au comment des choses. Par exemple : Comment l'eau est arrivée sur la terre ? On retrouve toujours la même structure dans ces contes : on parle d'un « avant », par exemple, avant il n'y avait pas d'eau sur la terre, puis le récit raconte de façon fantaisiste comment l'eau est arrivée sur la terre (un crocodile triste et seul a versé tant de larmes que ...) et se termine par une formule signalant que l'explication vient d'être fournie « et c'est ainsi que l'eau est arrivée sur terre » ou « depuis ce jour... », « c'est depuis ce temps que... ». Ce type de littérature est très ancien et attesté dans la tradition orale.

I Écoute

1 Avant l'écoute

a Avant d'entrer dans le conte, demander aux élèves s'ils savent comment le feu est arrivé sur la terre. Autrefois, les humains expliquaient le monde et la nature par des histoires.

On trouve des contes étiologiques dans tous les pays (« Pourquoi les chiens n'aiment pas les chats ? » ; « Pourquoi la lune est seule dans le ciel ? » ; « Pourquoi y a-t-il des étoiles dans le ciel ? » ; « Pourquoi la mer est bleue ? »). En Afrique, ce type de contes était encore utilisé récemment pour éduquer les enfants et leur transmettre les valeurs des anciens (par exemple : « Qui a rendu la vie au chasseur mort ? » ; « Pourquoi l'homme mort disparaît-il à jamais ? »)

b Travail linguistique
Dans cette histoire apparaissent les noms de plusieurs oiseaux.
Pour réactiver le vocabulaire, faire faire des recherches sur les oiseaux, sur Internet.
➤ Klett Online-Link 525655-0004
- Qu'est-ce qu'un oiseau ?
- Quels oiseaux est-ce que vous connaissez?
- Quelles sont les caractéristiques des oiseaux que vous connaissez?
- Proposez une traduction pour les mots: « une alouette, un chat-huant (ou chouette hulotte) ».

c Comparer
Voici des noms d'oiseaux (les plus courants) et des adjectifs qui les caractérisent.
Ici, ils sont en désordre.
- Amusez-vous à les faire correspondre et réfléchissez : Est-ce que les associations sont les mêmes en allemand ?

	Adjectif	**La bonne réponse**
une pie (Elster)	chanteuse	voleuse
un aigle (Adler)	sage	royal
un merle (Amsel)	voleuse	moqueur
une mésange (Meise)	noir	---
une alouette (Lerche)	royal	chanteuse
un hibou (Uhu)	bavard	---
une chouette (Eule)	fier	sage
un corbeau (Rabe)	boiteux	noir
un perroquet (Papagei)	moqueur	bavard
un canard (Ente)	---	boiteux
un coq (Hahn)	sans gêne	fier
un coucou (Kuckuck)	jaune	sans gêne
un moineau (Spatz)	frileux	frileux
un canari (Kanarienvogel)	---	jaune

- Trouvez d'autres expressions courantes où il est question d'oiseaux.

Par exemple :

« Petit à petit, l'oiseau fait son nid. »
« L'hirondelle (Schwalbe) ne fait pas le printemps ! »
« Il fait un froid de canard ! »
Se coucher avec les poules.
Être bavard comme une pie.
Être fier comme un coq !
La colombe (Taube) de la paix.

2 Première écoute

Demander aux élèves de voir les images, de s'imaginer la scène en écoutant.

II Narration et interprétation

1 Résumer

Demander aux élèves de résumer l'histoire en racontant au présent.
Poser des questions pour les aider :

- Quel est le problème posé au début de l'histoire ?
- Qui doit le résoudre ?
- Qui prend la décision d'agir ?
- Quelle difficulté rencontre la rebette? Pourquoi ?
- Quel malheur est-ce qu'il lui arrive?
- Est-ce qu'elle va réussir ce qu'elle a entrepris ?
- Comment est-ce que les autres se comportent à la fin ?
- Quelles valeurs sont mises en avant dans ce conte ?

III Fenêtres sur l'imaginaire

1 Imaginer

Diviser la classe en petits groupes.
Aider les élèves à ouvrir leurs fenêtres sur l'imaginaire en leur donnant des pistes possibles.
Chaque groupe devra réfléchir à une (ou plusieurs) des propositions suivantes :

a Imaginer la terre sans feu

- Comment est-ce qu'elle est ?
- Est-ce qu'il y a des humains ?
- Si oui, comment est-ce qu'ils vivent?

b Parler des relations entre les humains et les oiseaux

- Quel genre de relations ont les hommes avec les oiseaux ?
- Est-ce qu'ils vivent en paix ou est-ce qu'ils sont plutôt en guerre ?

c Imaginer leur discussion
- Qui va aller chercher le feu ?
- Pourquoi ?
- Pourquoi est-ce que les oiseaux n'arrivent pas à se décider ?
- Quels sont les arguments « pour » et « contre » ?

d La rebette
- Pourquoi est-ce que la rebette accepte d'aller chercher le feu ?
- Décrivez son caractère.
- Donnez les raisons pour lesquelles elle accepte ce défi.

e Le vol « aller » de la rebette
- Décrivez le ciel à l'aller : les nuages, les astres, le soleil, les étoiles, les avions, l'arc-en-ciel, l'infini, la couleur…

f Sa rencontre avec le Soleil
- Racontez comment se passe cette rencontre.
- Imaginer l'échange et la discussion.
- Est-ce que c'est facile pour la rebette de convaincre le Soleil ?
- Trouvez des arguments.

g Le vol « retour» de la rebette
- Décrire la scène du retour et les sentiments de la rebette.
- La rebette revient avec le feu. (fière, pressée)
- Tout à coup, elle aperçoit tous les oiseaux qui l'attendent. (impatiente)
- Elle oublie le feu et le feu brûle ses plumes. (Elle a mal.)
- Les oiseaux la consolent. (Elle est consolée, heureuse, reconnaissante.)

h Le chat-huant
- Imaginez son apparence, son caractère.
- Qui est-il ? Qu'est-ce qu'il fait ? Pourquoi est-ce qu'il ne donne pas de plumes ?
- Parlez maintenant de la situation sur terre après le retour de la rebette.

2 Reconstituer

Rassembler à nouveau tous les élèves en un cercle. Chaque groupe donne 2 ou 3 phrases de sa réflexion et les groupes vont ainsi reconstituer toute l'histoire. Toutes les propositions des élèves sont acceptées : discours direct, indirect, mimes, bruitages, musique…

3 Inventer un conte étiologique

a Diviser la classe en petits groupes de 3 ou 4 élèves. En respectant la structure du conte d'origine, chaque groupe va créer un petit récit d'une vingtaine de lignes, avec un titre commençant par « pourquoi » ou « comment », avec le problème à développer, avec la solution et la conclusion.

b Un des élèves du groupe peut ensuite raconter ou jouer le texte inventé devant le reste de la classe.

IV Activités supplémentaires

1 Jeu : raconter l'histoire en ajoutant des détails.

– Un ou deux élèves racontent l'histoire une première fois au présent de narration en la résumant le plus possible.

– Les mêmes élèves racontent une deuxième fois, mais cette fois-ci, les autres élèves sont invités à leur couper la parole (en levant la main) et à répéter la dernière phrase en y ajoutant un détail de leur choix, pour enrichir la narration. Cela peut aller d'un simple mot, par exemple un adjectif (par exemple la courageuse rebette) à un groupe de mots ou à une phrase (par exemple les oiseaux qui sont très fiers entourent la rebette, la félicitent, la remercient, l'applaudissent...)
Celles et ceux qui ont su répéter et enrichir la phrase restent dans le cercle, ceux qui ont échoué quittent le cercle. On peut répéter le même jeu (en changeant les conteurs de départ) à condition de ne pas accepter les répétitions des mêmes détails, jusqu'à épuisement des joueurs...

2 Une scène préférée ?

Demander aux élèves quelle est la scène du récit qu'ils préfèrent. La leur faire raconter, mimer ou dessiner (sous forme de BD, par exemple.)

3 Trouver les histoires cachées dans l'histoire.

Proposer un des thèmes ci-dessous à toute la classe ou à des petits groupes.
Faire rédiger une histoire en 4 minutes, puis présenter la nouvelle histoire à la classe.

a Une petite rebette vit toute seule et personne ne la remarque. Un jour, elle aperçoit un petit garçon et en tombe amoureuse. Lui, il ne la regarde pas. Alors...

b Il fait froid sur la terre. C'est l'hiver, les humains et les oiseaux n'ont plus rien à manger. Il y a une grande guerre entre les humains qui veulent tuer les oiseaux pour les manger. Les oiseaux eux-mêmes se disputent, se battent. Pendant ce temps, la petite rebette a peur, elle se cache. Tout à coup, elle entend le Soleil qui lui dit...

c Le chat-huant n'aime personne parce que... Encore moins la rebette parce que, depuis qu'elle...

d Maintenant le feu est arrivé sur la terre grâce à la petite rebette. C'est un changement important pour les humains, et peut-être aussi pour les animaux, pour les oiseaux...

Pourquoi il ne faut pas battre les enfants

ou

Comment les étoiles sont venues dans le ciel

Conte d'Amérique latine - Bolivie

Niveau : à partir de la 4e année d'apprentissage (B1)

⊙ **Pistes 31, 32** ; 3 minutes

➤ **KV 24, 25,** pp. 106, 107

Thème

Conte étiologique. Le titre indique les thèmes de l'histoire, mais derrière celui-là, se cachent aussi les thèmes suivants :

- Tout se tient dans la création : les actions des hommes et la nature sont en correspondance.
- L'univers n'aime pas la violence. / La violence ne reste pas impunie.
- La vérité finit toujours par éclater.
- Ce sont les « faibles » ou les « petits » qui l'emportent.
- Les enfants sont plus vrais et plus sages que les adultes, ils sont les porteurs des valeurs de l'humanité.

Résumé

Dans un village de Bolivie (Amérique latine), les parents se réunissaient pour faire la fête, boire et danser après leur dur travail. Ils interdisaient aux enfants de faire la fête avec eux. Les enfants devaient rester dans une case, enfermés et dormir. Une nuit, une fillette a désobéi : elle a voulu voir sa maman. Celle-ci l'a tapée et l'a renvoyée dans la case des enfants. Alors, tous les enfants ont quitté la case et, en file indienne, sont montés dans le ciel. On dit que, depuis, on peut voir des étoiles dans le ciel. Ce sont les yeux des enfants de nos enfants qui regardent ce que nous faisons sur la terre…

Objectif

- Susciter l'imaginaire, même les visions cosmiques !
- Familiariser les élèves avec les contes d'origine.

I Écoute

1 Avant l'écoute

Ne pas dévoiler le titre de l'histoire !

2 Première écoute

a Inviter les élèves à écouter l'histoire et à se représenter la scène sur leur écran intérieur.
b Premières réactions
Après l'écoute, demander aux élèves de verbaliser les images que l'histoire a suscitées en eux, rassembler les informations et les noter au tableau.

- Parlez des personnages principaux de l'histoire. Dites où elle se passe.
- Qu'est-ce que vous avez compris de ce qui se passe ?

Ne pas faire de commentaires à ce sujet, noter seulement les propositions des élèves même si elles ne sont pas vraiment exactes ou si elles sont contradictoires.

3 Deuxième écoute

Après la deuxième écoute ou au cours de la discussion, demander aux élèves de trouver un titre à ce conte. Cela les obligera à réfléchir encore sur le sens et l'essentiel de ce conte.

II Narration et interprétation

1 Mimer ou dessiner

Demander aux élèves de mimer ou de dessiner schématiquement les étapes successives de l'histoire sans les commenter et sans parler. Donner seulement les mots essentiels ou même seulement les verbes correspondant à ces étapes :

Les parents font la fête sur la place.	→	**faire la fête**
Les enfants dorment dans une case.	→	**dormir**
La petite fille va trouver sa maman.	→	**aller trouver**
La mère tape l'enfant.	→	**taper**
Les enfants se réveillent.	→	**se réveiller**
Les enfants marchent en file indienne vers le village.	→	**marcher en file indienne**
Les enfants montent dans le ciel.	→	**monter**

2 Raconter et résumer

Faire mettre les mots sur ce qui a été mis en forme par le mime ou par les schémas.
Voici un exemple de résumé plus ou moins détaillé qui peut aider à reconstituer progressivement l'histoire.

C'est l'histoire **d'un village** où les gens travaillent dur. **Parfois le soir, ils font la fête sans les enfants.** Ceux-ci doivent **dormir seuls** dans une case. Les parents dansent, mangent et **boivent.**

Mais une nuit, une petite fille sort de la case et **vient trouver** sa mère. Celle-ci est **furieuse d'être vue** par sa fille. Elle **tape l'enfant** et la ramène brutalement vers la case.
La petite fille **pleure** et **réveille tous les autres enfants.**
Ils décident de **descendre en file indienne** sur la place, **passent devant les parents en chantant doucement**, puis **montent lentement** dans le ciel.
Et là où ils ont disparu, on a vu **apparaître les premières étoiles.**

Remarques linguistiques

- Attirer l'attention sur les adverbes en « -ment » : brutalement, doucement, lentement

Attention !
Réveiller qn, se réveiller

3 Compléter l'histoire

a Imaginer la conversation des enfants après le retour de la fille dans sa case.

b Imaginer, noter ou jouer les réactions des parents :
- quand les enfants passent devant eux en file indienne
- le lendemain de la fête quand les enfants sont partis.

c Trouver le titre de ce conte.
- Quel peut être le titre de l'histoire ?

III Fenêtres sur l'imaginaire

1 Imaginer

Noter la conclusion de l'histoire au tableau.

« C'est depuis ce jour-là qu'on sait que les étoiles au ciel, ce sont les yeux des enfants, des enfants de nos enfants qui nous regardent , nous qui sommes sur la terre, pour voir ce que nous y faisons… »

- Que font les enfants là-haut ?
- Imaginez et décrivez dans quel cadre ils vivent :
  (Est-ce dans une ville / un jardin / le ciel / … ?)
  Qu'est-ce qu'ils font toute la journée ?
- Est-ce qu'ils viennent parfois sur la terre ? Comment ?
  (En parachute / comme des oiseaux / sur un arc-en-ciel / … ?)
  Pour quoi faire ?
- Qu'est-ce qu'ils observent et pourquoi ? Où est-ce qu'ils consignent leurs observations ?
  (Dans de gros cahiers / sur des fiches / sur ordinateurs / …)
- Est-ce qu'ils filment peut-être?
- Qu'est-ce qu'ils font de toutes ces informations ? Comment est-ce qu'ils les utilisent ?

* IV Activités de créativité

Comme pour toutes les activités de créativité, on les fera dépendre de l'âge et des goûts des élèves.

1 Improviser

a Demander aux élèves de trouver des mimes, ou d'improviser des chants ou des airs de musique différents illustrant l'histoire :

- le chant du travail (exprime la dureté du travail, la peine des hommes)
- les chants de la fête (c'est la gaieté !)
- les chants des enfants (comptine ou berceuse, chanson de cour d'école)
- le chant des étoiles (exprime l'espace, l'immensité, la douceur, la beauté)

b Faire associer ensuite mimes, chants, et musique… Faire jouer les élèves devant a classe, devant d'autres classes ou devant un public extérieur.

2 Jouer

Distribuer les rôles de l'enfant et de sa maman ; tous les autres peuvent jouer soit es rôles des adultes qui font la fête, soit les rôles des autres enfants qui souffrent comme la petite fille. Les élèves doivent essayer de bien imiter l'ambiance et les mouvements.
Ils peuvent ajouter les paroles quand c'est possible.

V Activités supplémentaires

1 Rechercher

Voici un conte germanique expliquant comment sont nées les étoiles :

Comment sont nées les étoiles ?

« Autrefois, il y a longtemps, très longtemps, il n'y avait pas d'étoiles dans le ciel. Il ressemblait à un puits noir sans fond. À cette époque-là, la terre était peuplée de géants. Ils étaient si grands qu'ils touchaient presque le ciel avec leur tête. La nuit, quand tout était sombre et qu'ils ne pouvaient rien voir, ils avaient parfois peur. Ils prenaient alors des pierres, des rochers, des cailloux et ils les lançaient vers le ciel comme nous, nous jouons à lancer des cailloux dans l'eau. Les cailloux creusaient des trous dans le ciel comme dans une passoire géante et la lumière du ciel supérieur filtrait par ces trous. Voilà, dit-on, comment sont nées les étoiles. »

- Connaissez-vous d'autres contes qui expliquent pourquoi il y a des étoiles dans le ciel ? Si oui, comparez-les !
- Cherchez d'autres contes étiologiques sur Internet.
  ➤ Klett Online-Link 525655-0005

2 Inventer

Faire imaginer d'autres petits contes sur le même thème ou sur des thèmes semblables :

Répartir les élèves en petits groupes de trois, ou faire rédiger un petit conte d'origine à la maison. Faire lire (ou mieux : raconter) en classe.

D'autres titres de contes d'origine :

- Pourquoi y a-t-il des étoiles de mer ?
- Pourquoi le ciel est-il si haut et si loin des hommes ?
- Pourquoi les éléphants ont-ils une trompe ?
- Pourquoi est-ce que la neige est blanche ?
- Pourquoi les femmes n'ont-elles pas de barbe ? ...
- Maintenant imaginez vos propres thèmes !

Les devinettes (pp. 22, 23)

1 une cerise
2 des chaussures
3 une bouteille
4 un parapluie
5 une éponge
6 une pendule
7 un balai
8 la fumée

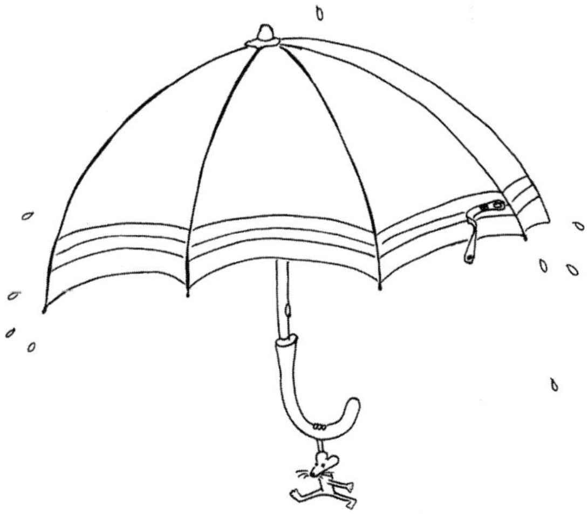

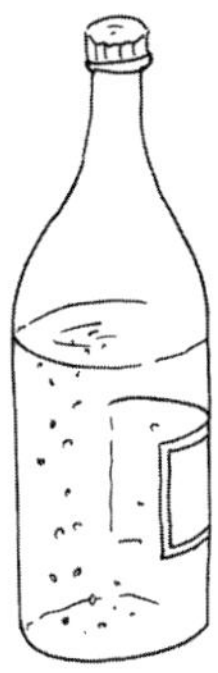

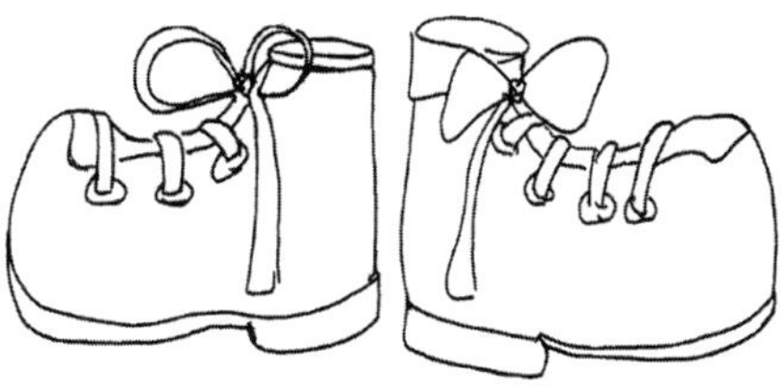

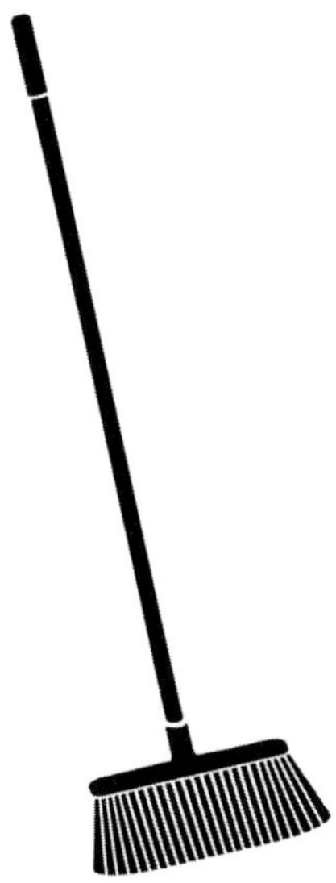

ISBN 978-3-12-525655-2

Les histoires à emboîtages (pp. 24, 25)

1 le feu

2 l'eau *f*

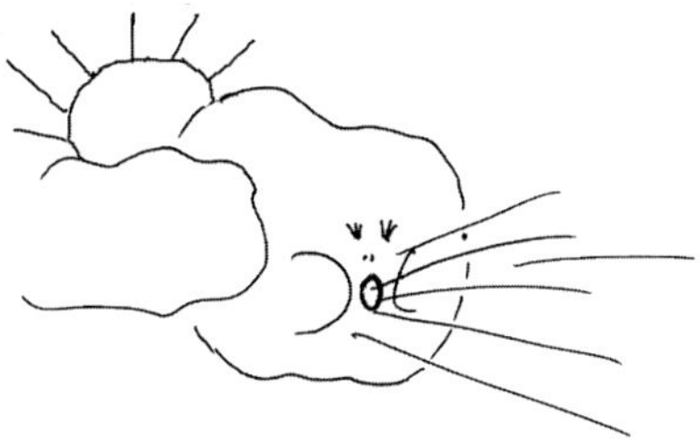

3 le soleil, les nuages *m*, le vent

4 la montagne

7 un enfant

5 un homme

6 une femme

ISBN 978-3-12-525655-2

Les histoires à emboîtages (p. 24 - 27)

1 trois chênes *m*
2 une branche
3 des feuilles *f*
4 des fleurs *f*
5 un nid
6 un œuf
7 un oiseau

1

1

1

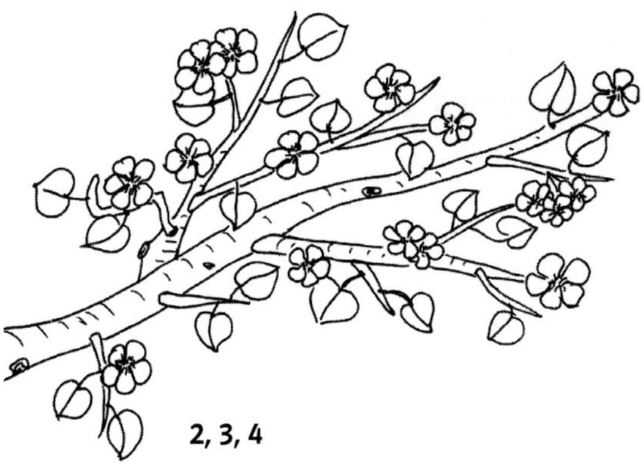

2, 3, 4

5, 6, 7

ISBN 978-3-12-525655-2

La galette

01 C´est l'hiver. Il n'y a plus rien, plus rien dans le placard, plus rien dans la cuisine, plus rien dans le grenier. Le vieux et la vieille ont faim.
Le vieux dit à la vieille : « Fais-nous une galette, s'il te plaît, une bonne galette de blé ! »
La vieille répond : « Mais comment, avec quoi ? Nous n'avons plus de farine dans la cuisine, nous n'avons plus de blé dans le grenier. »
Alors, elle a une idée, la vieille. Elle va dans le grenier, elle ramasse des grains de blé, les grains de blé qui sont restés par terre…

Elle ramasse, ramasse, ramasse…
Elle descend à la cuisine : Avec les grains de blé, elle fait de la farine, puis elle prend la farine, un peu de sucre, de l'eau… elle fait une galette. Elle met aussi un morceau de beurre, le dernier.

J´aime la galette.
Savez-vous comment ?
Quand elle est bien faite !
Avec du beurre dedans !

Elle met la galette au four. La galette cuit : « Hum ! Ça sent bon ! »
Elle prend la galette, elle est chaude, trop chaude…
Elle met la galette dehors, sur la fenêtre.

02 Mais dehors, sur la fenêtre, elle s'ennuie la galette. Alors elle roule. Hop, hop! Elle roule, elle roule de la fenêtre sur le banc, du banc sur le chemin… Elle roule, elle roule sur le chemin, le chemin qui mène à la forêt…
Tiens ! Voilà un lièvre sur le chemin.

« Hum, galette, galette dorée.
Je vais te manger ! »
« Oh non ! Attends, écoute ma petite chanson…

Je suis la galette, la galette dorée,
je suis cuite à point
mais je roule, roule sur le chemin
personne ne va me manger ! »

Et voilà la galette qui roule, qui roule, qui roule.
Le lièvre ne peut pas la rattraper…
La galette roule, roule, roule, toujours plus loin dans la forêt.

Tiens ! Voilà un loup !
« Hum, galette dorée. Je vais te manger ! »
« Oh non, écoute ma petite chanson…

Je suis la galette, la galette dorée,
je suis cuite à point
mais je roule, roule sur le chemin
personne ne va me manger ! »

Et voilà la galette qui roule, qui roule.
Le loup ne peut pas la rattraper…
La galette roule sur le chemin dans la forêt.

Tiens ! Voilà un ours!
« Hum, galette, galette rondelette. Je vais te manger ! »
« Oh non, attends, écoute ma petite chanson…

ISBN 978-3-12-525655-2

Je suis la galette, la galette dorée,
je suis cuite à point
mais je roule, roule sur le chemin
personne ne va me manger ! »

Et voilà la galette qui roule, qui roule.
L'ours ne peut pas la rattraper…

03 La galette roule sur le chemin dans la forêt.

Tiens ! Voilà un renard.
« Oh galette, galette toute dorée, si bien faite… »
« Écoute ma petite chanson…

Je suis la galette, la galette dorée,
je suis cuite à point
mais je roule, roule sur le chemin
personne ne va me manger ! »

« Quoi? Je suis si vieux, je suis sourd.
Je n'entends pas bien ! »
« Viens… plus près… plus près, petite galette, jolie galette…
Chante pour moi… plus près… plus près. »
La galette vient plus près, elle roule sur la tête du renard, elle roule sur son museau.
Elle chante…

«*Je suis la galette, la galette toute dorée,*
je suis cuite… »

Ham! Le renard ouvre la gueule et… voilà la galette mangée !

« *J'aime la galette*
Savez-vous comment ?
Quand elle est bien faite
Avec du beurre dedans ! »

ISBN 978-3-12-525655-2

La galette

La maison

la cuisine
le grenier
un placard
un four
...

Le corps d'un animal

la tête
le museau
la gueule
...

La recette

le blé / les grains *m* de blé
la farine
le sucre
l'eau *f*
un morceau de beurre
...

Les verbes importants

ramasser (les grains de blé)
mettre qc au four / dehors sur la fenêtre
cuire la galette / être cuit,e (à point)
sentir bon («Ça sent bon.»)
s'ennuyer
rouler (sur le chemin)
rattraper
entendre / ne pas entendre (= être sourd)
manger

Avoir faim

Il n'y a plus rien...
Nous n'avons plus de
...

ISBN 978-3-12-525655-2

Les animaux et leurs caractéristiques

1. Que dit-on ?

adjectif	comme	animal	
fort		un lion	
malin		un singe	
rusé		un renard	
sale		un cochon	
peureux		un lièvre	
doux		un agneau	
moche		un pou	
léger		un papillon	
fier		un coq	
gai		un pinson	

✂ Découper les adjectifs, les noms et les dessins d'animaux et les faire correspondre.

2. Que diriez-vous pour les animaux de « La galette » ?

- **le lièvre**
- le lièvre pressé, le lièvre rapide comme l'éclair, le lièvre peureux, le lièvre curieux…
- **le loup**
- le loup affamé, le loup noir comme la nuit, le loup cruel, méchant…
- **l'ours**
- l'ours trop lourd, l'ours trop gros, l'ours bête, l'ours gros-bête…
- **le renard**
- le renard rusé, intelligent, malin…

ISBN 978-3-12-525655-2

Le singe et la banane

04 Dans ce pays-là, il y a un château où habite un roi et un garde pour garder le roi. Il y a aussi une grande forêt avec des arbres, un bûcheron pour couper les arbres, un jaguar pour faire peur aux habitants du pays et un chasseur pour chasser le jaguar.

05 Et il y a un singe. Un singe ? Qu'est-ce qu'il fait, le singe ?
Le singe, il saute de branche en branche, il regarde autour de lui
et… il cherche des bananes, des bananes pour les manger !

Le singe est assis sur une branche. Dans la branche, il y a un trou.
Le singe va manger une banane.
Mais, voilà la banane qui tombe dans le trou, le trou qui est dans la branche !
Pour attraper la banane, il faut couper la branche !

Le singe va trouver le bûcheron :
« Bûcheron, bûcheron, viens ! Viens vite ! Viens couper la branche.
Comme ça, je pourrai attraper ma banane qui est tombée dans le trou ! »
Mais le bûcheron continue à couper ses arbres, il n'écoute pas le singe…

Alors le singe va voir le garde :
« Garde, garde, viens! Viens vite ! Viens vite frapper le bûcheron.
Comme ça, il va couper la branche et je pourrai attraper ma banane qui est tombée dans le trou ! »
Mais le garde rit et ne bouge pas.

Le singe va voir le roi :
« Roi, roi, viens ! Viens ! Viens voir le garde !
Dis-lui de frapper le bûcheron. 06
Comme ça, il va couper la branche et je pourrai attraper ma banane qui est tombée dans le trou ! »
Mais le roi tourne la tête.

Le singe va voir le jaguar :
« Jaguar, jaguar, viens ! Viens vite ! Fais peur au roi, comme ça il va commander au garde de frapper le bûcheron, et le bûcheron va couper la branche, et je pourrai attraper ma banane qui est tombée dans le trou ! »
Mais le jaguar s'éloigne.

Le singe va voir le chasseur :
« Chasseur, chasseur, viens ! Viens vite ! Fais peur au jaguar, il va courir vers le roi, comme ça le roi va avoir tellement peur qu'il va commander au garde de frapper le bûcheron, et alors, le bûcheron va couper la branche, et je pourrai attraper ma banane qui est tombée dans le trou ! »
Le chasseur prend son arc et vise… le singe.
Le singe s'enfuit et s'assoit sur le bord de la route, tout tremblant, épuisé.

Voilà la mort qui passe :
« Singe, qu'est-ce que tu fais là, tout tremblant, épuisé ? »
Et le singe raconte son histoire à la mort… Et la mort l'écoute.
Puis la mort va voir le chasseur… Le chasseur a très peur de la mort, il prend son arc et vise le jaguar. Le jaguar, lui, court vers le roi et lui fait peur, le roi appelle le garde, le garde frappe le bûcheron qui coupe la branche et le singe attrape sa banane et… la mange.

ISBN 978-3-12-525655-2

Le singe et la banane

Qui fait quoi ?

un bûcheron qui bûcheronne
un garde qui garde
un singe qui saute de branche en branche
une banane qui tombe dans un trou
un roi qui règne
un jaguar qui effraie les hommes
un chasseur qui chasse les jaguars
la mort qui fait peur à tout le monde

Les verbes importants

attraper (une banane)
couper / scier les branches
effrayer qn / faire peur à qn
commander / ordonner
prendre son arc / viser / tirer
s'enfuir / s'éloigner
courir vers
demander de faire qc
refuser de faire qc
tourner la tête
rire
(ne pas) bouger
(ne pas) obéir
...

ISBN 978-3-12-525655-2

La vieille dans la bouteille

07 C'est l'histoire d'une vieille qui vit dans une bouteille. Dans la bouteille il y a du vinaigre et la vieille est comme le vinaigre, rouge et aigre. Elle se lamente : « Vivre dans une bouteille, quelle horreur ! Comme j'aimerais une petite maison avec un jardinet et des roses ! »

08 Une fée qui passe par là l'entend :
« Ce soir, avant de t'endormir, tourne trois fois dans ton lit et demain, tu verras bien ! »
Le soir, la vieille tourne trois fois dans son lit et le lendemain, elle se retrouve dans une jolie petite maison avec un jardinet et des roses. Elle est contente mais… elle oublie de remercier la fée.

Quelques jours plus tard la fée vient à passer devant la jolie petite maison et elle entend la vieille, la vieille qui grogne :
« Ah ! Si c'est pas malheureux ! Être toujours seule dans cette maison minuscule… Si au moins j'habitais dans une rue avec des boutiques, j'entendrais crier les marchands ! »
La fée dit :
« Ce soir, avant de t'endormir, tourne trois fois dans ton lit et demain, tu verras bien ! »
Le soir même, la vieille tourne trois fois dans son lit et le lendemain, elle se retrouve dans une jolie maison de ville, entourée de boutiques. Elle entend crier les marchands. Elle est satisfaite, mais elle oublie de remercier la fée.

Quelque temps plus tard, la fée qui veut savoir si la vieille est contente passe dans la ruelle. Elle entend la vieille qui bougonne :
« Ah ! Si c'est pas malheureux ! Les cris des marchands me cassent la tête, ah, si seulement j'habitais une maison dans un grand parc à la campagne ! »
Encore une fois la fée dit : «
Ce soir, avant de t'endormir, tourne trois fois dans ton lit et demain, tu verras bien ! ».
Et le lendemain, la vieille se retrouve dans une grande maison au fond d'un grand parc, à la campagne. Elle est ravie, mais elle oublie de remercier la fée.

Quelques semaines plus tard, la fée passe par là et elle entend la vieille qui se plaint :
« Ah ! Si c'est pas malheureux ! Avoir une si grande maison et personne de ma qualité près de moi ! Je devrais être duchesse ! »
La fée dit :
« Ce soir, avant de t'endormir, tourne trois fois dans ton lit et demain, tu verras bien ! »
Et le lendemain, la vieille se retrouve duchesse entourée de gens importants. Elle est enchantée, mais elle est si occupée, qu'elle oublie de remercier la fée.

Quelques mois plus tard, comme elle passe par 09
là, la fée entend la vieille répéter :
« Ah ! Si c'est pas malheureux ! Moi, duchesse, je suis obligée de courtiser la reine ! Je voudrais être reine et voir tous ces gens me courtiser ! »
Encore une fois la fée prononce la formule magique et la vieille devient reine.
Mais comme la fée veut savoir si, cette fois-ci, la reine est heureuse, elle passe devant le château. Et là, elle entend la reine qui recommence à se lamenter :
« Ah ! Être reine ! Mais enfin, reine d'un pays minuscule… C'est reine du monde entier que je devrais être… comme le pape ! Oui, c'est ça, je voudrais être papesse, papesse et régner sur tous les esprits, sur tous les esprits, dans le monde entier… Papesse ! Voilà ce que je devrais être ! »
La fée alors répète la formule qu'elle a prononcée tant de fois… Elle dit encore « Tu verras bien, tu verras bien ! »

Et le lendemain, la reine se réveille dans une bouteille, une bouteille de vinaigre. Elle est redevenue la vieille, une vieille rouge et aigre comme le vinaigre.

ISBN 978-3-12-525655-2

La vieille dans la bouteille

La vieille est…
rouge comme du vinaigre
aigre comme du vinaigre
aigrie
impolie
égoïste
méchante
envieuse
ambitieuse
ingrate
insensible
autoritaire
insatiable
laide
moche
hideuse
atroce
Elle a mauvais caractère.
…

La fée est…
gentille
douce
serviable
sensible
généreuse
compréhensive
compatissante
…

Le vocabulaire des fées
passer par là
entendre
exaucer un souhait / un vœu / un désir
prononcer une formule magique
avoir des dons
…

La maison / la villa / le château est…

modeste
joli,e
confortable
spacieux, -se
splendide
imposant,e
somptueux, -se
…

La vieille a…
le menton poilu
le nez crochu, les doigts crochus
une verrue sur le nez
d'immenses oreilles pointues
les cheveux gris
mauvaise haleine

La vieille n'a pas…
de dents, de cheveux

Exprimer un souhait, un désir

« Comme j'aimerais… ! »
« Si seulement j'habitais / j'étais / je me trouvais… ! »
« Si au moins j'avais… !

Quelques adjectifs

content,e	≠	mécontent,e
heureux,-se	≠	malheureux, -se
satisfait,e	≠	insatisfait,e
enchanté,e / ravi,e	≠	déçu,e
reconnaissant,e	≠	ingrat,e
…		

ISBN 978-3-12-525655-2

La princesse souris

10 Il était une fois un roi souris et une reine souris. Ils avaient une fille, la princesse souris. Elle était la plus jolie, la plus intelligente, la plus douce, la plus gentille, la plus créative, la plus amusante, la plus gaie, la plus généreuse, la plus courageuse, la plus mignonne… de toutes les princesses souris de la terre ! Quand la princesse souris eut dix-huit ans, le roi voulut marier sa fille.

Il alla voir le soleil :
« Soleil, soleil, toi qui es fort, si fort, veux-tu épouser ma fille ? C'est la plus jolie, la plus intelligente, la plus douce, la plus gentille, la plus créative, la plus amusante, la plus gaie, la plus généreuse, la plus courageuse, la plus mignonne… de toutes les princesses souris de la terre ! »
Mais le soleil répondit :
« Moi, fort ? Mais non ! Le nuage qui me cache est beaucoup plus fort que moi ! Va voir le nuage ! »

Alors le roi souris alla voir le nuage :
« Nuage, nuage, toi qui es fort, si fort, toi qui caches le soleil, veux-tu épouser ma fille ? C'est la plus jolie, la plus intelligente, la plus douce, la plus gentille, la plus créative, la plus amusante, la plus gaie, la plus généreuse, la plus courageuse, la plus mignonne… de toutes les princesses souris de la terre ! »
Mais le nuage répondit :
« Moi, fort ? Mais non ! Le vent qui me chasse est beaucoup plus fort que moi ! Va voir le vent ! »
Alors le roi alla voir le vent :
« Vent, vent, toi qui es fort, si fort, toi qui chasses le nuage qui cache le soleil, veux-tu épouser ma fille ? C'est la plus jolie, la plus intelligente, la 11
plus douce, la plus gentille, la plus créative, la plus amusante, la plus gaie, la plus généreuse, la plus courageuse, la plus mignonne… de toutes les princesses souris de la terre ! »
Mais le nuage répondit :
« Moi, fort ? Mais non ! Le mur qui m'arrête est beaucoup plus fort que moi ! Va voir le mur ! »

Alors le roi alla voir le mur :
« Mur, mur, toi qui es fort, si fort, toi qui arrêtes le vent qui chasse le nuage qui cache le soleil, veux-tu épouser ma fille ? C'est la plus jolie, la plus intelligente, la plus douce, la plus gentille, la plus créative, la plus amusante, la plus gaie, la plus généreuse, la plus courageuse, la plus mignonne… de toutes les princesses souris de la terre ! »
Mais le mur répondit :
« Moi, fort ? Mais non ! Le souriceau qui me ronge est beaucoup plus fort que moi ! Va voir le souriceau ! »

Alors le roi alla voir le souriceau :
« Souriceau, souriceau, toi qui es fort, si fort, toi qui ronges le mur qui arrête le vent qui chasse le nuage qui cache le soleil, veux-tu épouser ma fille ? C'est la plus jolie, la plus intelligente, la plus douce, la plus gentille, la plus créative, la plus amusante, la plus gaie, la plus généreuse, la plus courageuse, la plus mignonne… de toutes les princesses souris de la terre ! »
Et le souriceau répondit :
« Votre fille ? Je veux la voir ! »

ISBN 978-3-12-525655-2

Alors le roi alla chercher sa fille, la princesse souris. Et le souriceau et la princesse souris firent connaissance.
Le souriceau trouva vraiment que c'était la plus jolie, la plus intelligente, la plus douce, la plus gentille, la plus créative, la plus amusante, la plus gaie, la plus généreuse, la plus courageuse, la plus mignonne… de toutes les princesses souris de la terre ! Et la princesse souris trouva qu'il était le plus beau, le plus fort, le plus intelligent, le plus malin, le plus courageux, le plus généreux, le plus joyeux, le plus amusant, le plus sympathique… de tous les souriceaux de la terre.
Alors ils se marièrent et le mariage fut le plus beau des mariages !
Ils eurent beaucoup de souriceaux qui étaient les plus…

ISBN 978-3-12-525655-2

La princesse souris

La vie au château

le roi / la reine
le prince / la princesse

marier qn
Le roi veut marier sa fille.

épouser qn
Veux-tu épouser ma fille ?
un époux / une épouse

se marier
Le prince et la princesse se marient.

avoir des enfants

La famille des souris

la souris / le souriceau / la souricette

Des qualités	***et des défauts***
joli,e	laid,e
intelligent,e	bête
doux,-ce	brutal,e
gentil,le	méchant,e
créatif,-ve	peu inventif,-ve
amusant,e	ennuyeux,-se
gai,e	triste
généreux,-se	avare
courageux,-se	lâche
mignon,-ne	grossier,-ère
fort,e	faible
…	…

Qui fait quoi ?

Le soleil brille.
Le nuage cache le soleil.
Le vent chasse le nuage.
Le mur arrête le vent.
Le souriceau ronge le mur…

ISBN 978-3-12-525655-2

Ouagadou Gomépé

ou

Comment les fruits et les légumes sont arrivés sur la terre

Conte africain

12 Il y a longtemps, très longtemps, dans le temps avant le temps, quand la terre était encore jeune, les animaux parlaient. C'était le temps où il n'y avait ni fruits, ni légumes sur la terre.

Une nuit, la tortue fait un rêve. Dans son rêve, elle voit un arbre, un arbre immense, magnifique, et ses branches sont couvertes de fruits et de légumes. Mais la tortue ne sait ni le nom de l´arbre, ni où il se trouve. Elle décide donc d'aller voir Grand-mère Coco, qui est très sage et qui sait tout.

Et voilà la tortue qui marche, qui marche dans la savane... Elle rencontre le lion.

– Où vas-tu ? demande le lion.
– Je vais chez Grand-mère Coco : j'ai fait un rêve. ... Et la tortue raconte son rêve au lion.
– Toi, dit le lion, toi ? Tu veux aller chez Grand-mère Coco, mais elle habite très loin, très loin d'ici, de l'autre côté de la savane ! Tes pattes sont beaucoup trop petites, il te faudra au moins une année ! Laisse-moi y aller à ta place !
– Entendu, dit la tortue, vas-y et ramène-moi le nom de l'arbre !

Et voilà le lion qui s'élance dans la savane. Il court, il court, il arrive chez Grand-mère Coco et il lui raconte le rêve de la tortue.

13 « La tortue a raison. » répond Grand-mère Coco, « Son rêve est juste : celui qui connaît le nom de l'arbre le trouvera, celui qui dit le nom de l'arbre fera tomber tous les fruits et tous les légumes sur la terre. Je connais le nom de l'arbre, approche et écoute : il s'appelle Ouagadou Gomépé ! Mais attention, le chemin est long, très long, ne t'amuse pas en route, ne batifole pas, sinon le nom pourrait sortir de ta mémoire ! »

Le lion remercie Grand-mère Coco et retourne dans la savane. Tout au long du chemin, au rythme de ses pas, il répète inlassablement :
« Ouagadou Gomépé, Ouagadou Gomépé, Ouagadou Gomépé. . .»
Il est tellement occupé à répéter le nom, qu'il ne voit pas la grosse branche pleine d´épines en travers du chemin. . . Il marche dessus, les épines le piquent, la douleur est vive, la surprise est grande. Hop ! Le nom est sorti de sa mémoire, et quand il arrive au village, chez la tortue, il a tout oublié !

La tortue hoche la tête et elle envoie l'éléphant, 14
à cause de sa mémoire, chez Grand-mère Coco. Très lentement, majestueusement, va l'éléphant. Il arrive chez Grand-mère Coco et lui raconte le rêve de la tortue.

– La tortue a raison ! répond Grand-mère Coco, Son rêve est juste : celui qui connaît le nom de l'arbre le trouvera, celui qui dit le nom de l'arbre fera tomber tous les fruits et tous les légumes sur la terre. Je connais le nom de l'arbre, approche et écoute : il s'appelle Ouagadou Gomépé ! Mais attention, le chemin est long, très long, ne t'amuse pas en route, ne batifole pas, sinon le nom pourrait sortir de ta mémoire !

ISBN 978-3-12-525655-2

L'éléphant remercie Grand-mère Coco et retourne dans la savane. Tout au long du chemin, au rythme de ses pas, il répète inlassablement « Ouagadou Gomépé, Ouagadou Gomépé, Ouagadou Gomépé… » Il aperçoit la branche pleine d'épines en travers du chemin, fait un grand pas par–dessus, mais il est tellement occupé à répéter le nom qu'il ne voit pas la fourmilière, énorme, et met le pied dedans. Les fourmis le piquent ! La surprise est grande, la douleur vive, très vive : hop ! Le nom est sorti de sa mémoire, et quand il arrive au village, chez la tortue, il a tout oublié !

La tortue hoche la tête et elle envoie l'autruche, à cause de sa rapidité chez Grand-mère Coco. Et voilà l'autruche qui court, qui court, qui file chez Grand-mère Coco. Elle lui raconte le rêve de la tortue.

– La tortue a raison ! répond Grand-mère Coco Son rêve est juste : celui qui connaît le nom de l'arbre le trouvera, celui qui dit le nom de l'arbre fera tomber tous les fruits et tous les légumes sur la terre ! Je connais le nom de l'arbre, approche et écoute : il s'appelle Ouagadou Gomépé ! Mais attention, le chemin est long, très long, ne t'amuse pas en route, ne batifole pas, sinon le nom pourrait sortir de ta mémoire !

L'autruche remercie Grand-mère Coco et retourne dans la savane. Elle file, elle file. Tout au long du chemin, au rythme de ses pas, elle répète inlassablement « Ouagadou Gomépé, Ouagadou Gomépé, Ouagadou Gomépé. . . » Elle évite soigneusement la branche avec les épines, saute par-dessus la fourmilière, mais elle est tellement occupée à répéter le nom qu'elle ne voit pas la boue au bord de la mare, elle glisse, elle tombe dans la boue, elle tombe dans la mare ! La surprise est grande, très grande, et hop, voilà le nom sorti de sa mémoire. . . Quand elle arrive au village, chez la tortue, elle a tout oublié !

La tortue soupire, envoie la girafe à cause de son long cou chez la Grand-mère Coco, puis le babouin, à cause de sa sagesse. Hélas, ni l'un ni l'autre ne ramènent le nom !

La tortue décide donc d'aller elle-même chez Grand-mère Coco. Elle met des mois et des mois, elle met six mois pour y aller.

– Tu as raison, tortue ! Ton rêve est juste, je connais le nom de l'arbre et je vais te le dire ! Approche et écoute. L'arbre s'appelle Ouagadou Gomépé. Celui qui connaît le nom de l'arbre le trouvera, celui qui dit le nom de l'arbre fera tomber tous les fruits et tous les légumes sur la terre. Bon voyage, tortue !

La tortue remercie Grand-mère Coco et rentre lentement à la maison. Elle met deux années pour accomplir le chemin du retour. Quand elle arrive, elle rassemble tous les animaux et leur dit :

– Je connais le nom de l'arbre, il s'appelle Ouagadou Gomépé !

Aussitôt un arbre immense, magnifique apparaît : ses branches sont couvertes de fruits et de légumes. . . Les animaux en liesse se mettent tous à répéter : « Ouagadou Gomépé, Ouagadou Gomépé ! »

Un à un les fruits et les légumes se détachent de l'arbre et tombent sur la terre. Les animaux les prennent, les mangent, et recrachent les graines et les noyaux.

Le vent emporte les graines au loin, la terre les nourrit, la pluie les arrose, et au printemps suivant, de nouveaux fruits et de nouveaux légumes ont poussé.

Et voilà comment ils sont arrivés sur la terre, les fruits et les légumes.

Et nous, nous qui les mangeons, les fruits et les légumes, nous pouvons remercier la tortue d'avoir fait ce rêve !

ISBN 978-3-12-525655-2

Ouagadou Gomépé

Il n'y avait ni fruits ni légumes sur la terre.
Elle ne sait ni le nom de l'arbre, ni où il se trouve.
Ni l'un ni l'autre ne ramène le nom.

arriver ⇔ (s'en) retourner
accomplir le chemin de retour
batifoler = s'amuser en route

faire un rêve

(répéter) tout le long du chemin
au rythme de ses pas
Le nom pourrait sortir de ta mémoire /
Le nom est sorti de sa mémoire = Il a tout oublié.

habiter
loin d'ici
de l'autre côté de la savane

ramener le nom de l'arbre

Il te faudra une année…
Elle met six mois pour y aller.

Les épines / les fourmis (le) piquent.
>> La douleur est vive.

envoyer qn à cause de sa mémoire
à cause de sa rapidité

recracher les graines = les pépins
Le vent emporte les graines au loin.

marcher
rencontrer
s'élancer dans la savane
courir = filer chez qn

Les nouveaux fruits et légumes poussent.

ISBN 978-3-12-525655-2

Ouagadou Gomépé

1 un arbre
2 une tortue
3 un lion
4 un éléphant
5 une autruche

1

2

3

4

5

ISBN 978-3-12-525655-2

La fée Renarde

17 Il était une fois deux frères : un frère riche et un frère pauvre.
Le frère riche était très riche et le frère pauvre était très pauvre. De plus, il avait cinq enfants, le frère pauvre, c'était la misère !
Un jour, le frère pauvre alla trouver son frère riche et lui demanda un peu de farine pour faire un pain pour ses enfants.
Le frère aîné refusa et lui dit d'aller voir la fée Renarde en se moquant de lui : « Elle, elle pourra certainement t'aider ! »
La fée Renarde habitait loin, loin, loin, très loin de l'autre côté de la montagne !
Le pauvre se mit en route et marcha longtemps, longtemps, longtemps…

Le premier soir, il s'arrêta près d'un figuier pour dormir. Le figuier l'abrita du froid et le lendemain matin, l'arbre demanda au frère pauvre où il allait. Le frère pauvre lui raconta son histoire et le figuier dit :
« Demande à la fée Renarde pourquoi tous les autres figuiers sont couverts de figues et pas moi ! »
« Bien, répondit le frère pauvre, je le lui demanderai ! » Et il se remit en route et marcha longtemps, longtemps, longtemps…

Le soir suivant, il rencontra un aigle qui ne pouvait plus voler.
Il lui demanda s'il pouvait dormir sous son aile, l'aigle accepta et le lendemain matin, quand le frère pauvre voulut se remettre en route, l'aigle lui demanda où il allait et pourquoi. Le frère pauvre lui raconta son histoire et l'aigle dit :
« Demande à la fée Renarde pourquoi tous les autres oiseaux peuvent voler et pas moi ! »
« Bien, dit le frère pauvre, je le lui demanderai ! »
Il se remit en route et marcha longtemps, longtemps, longtemps ! Toute une journée, il marcha !
Le soir, il arriva près d'un ruisseau. Le ruisseau lui demanda où il allait, il expliqua qu'il allait chez la fée Renarde et pourquoi.
« Demande à la fée Renarde pourquoi tous les autres ruisseaux sont pleins de poissons et pas moi !
« Bien, dit le frère pauvre, je le lui demanderai ! » Et il se remit en route et arriva bientôt chez la fée Renarde.

Il expliqua : « Fée Renarde, je suis pauvre et j'ai 18
cinq enfants à nourrir. Voilà pourquoi je viens vous voir. Mais avant de parler de moi, j'ai trois questions à vous poser :
– La première est : je viens de traverser un ruisseau qui n'a pas de poissons, pourquoi ?
– La seconde : j'ai rencontré un aigle qui m'a laissé dormir sous son aile. Il ne peut pas voler. Il voudrait savoir pourquoi.
– La troisième : le figuier qui m'a protégé du froid l'autre nuit voudrait savoir pourquoi il ne porte pas de fruits. »
Et la fée Renarde parla ainsi :
« En repartant, tu vas retraverser le ruisseau. Monte alors sur une colline et de loin, crie au ruisseau : »
« La fée Renarde a dit : Tu auras du poisson quand tu auras englouti un homme ! »
« Tu marcheras ensuite vers l'aigle et tu enlèveras la pierre qui est sous son aile et qui l'empêche de voler. La nuit suivante, tu t'abriteras sous le figuier et tu gratteras son pied : tu y trouveras deux pots remplis de noix et tu les emporteras. Ce sont ces pots qui l'empêchent de donner des fruits ! »
« Merci bien », dit le pauvre. « Et moi ? Je suis si pauvre que je ne peux pas nourrir mes cinq enfants ! »

ISBN 978-3-12-525655-2

« Prends cette faucille d'or, elle te portera bonheur ! » dit encore la fée Renarde avant de disparaître.

19 Le frère pauvre se remit en route et fit tout ce que la fée lui avait dit comme elle le lui avait dit.
Il arriva au ruisseau. Le ruisseau avait bien envie de l'avaler, mais il ne s'approcha pas trop près de lui et ainsi il resta en vie. Alors, il se mit à crier les paroles de la fée Renarde : « Tu auras du poisson quand tu auras englouti un homme ! »
Il gratta la pierre sous l'aile de l'aigle avec la faucille d'or et la pierre se changea en diamant.
Il gratta les racines du figuier avec la faucille et trouva les pots avec les noix. Aussitôt les noix se changèrent en pièces d'or.

Le brave homme arriva chez lui avec une fortune. Il acheta une maison, des bois, des champs et des bêtes et ses enfants eurent du pain à manger tous les jours.

Son frère jaloux lui demanda comment il avait fait pour trouver toutes ces richesses. Alors le frère pauvre lui raconta tout, exactement comme cela s'était passé.
Dès le lendemain, le frère riche se mit en route pour aller trouver la fée Renarde.
Il trouva le figuier couvert de figues, il vit l'aigle voler bien haut dans le ciel et voulut traverser le ruisseau. Mais l'eau se mit soudain à monter, à monter et engloutit l'homme !
Et depuis ce jour-là, le ruisseau est plein de poissons !

ISBN 978-3-12-525655-2

La fée Renarde

Les personnages du conte

Le figuier abrite le frère pauvre.
= Le figuier le protège du froid.
être couvert de figues
porter des fruits / ne pas porter de fruits
gratter son pied / ses racines
emporter les pots
les pots / l'empêcher de donner des fruits

Le ruisseau n'a pas de poissons.
engloutir un homme
se mettre loin pour rester en vie
être plein de poissons

L'aigle ne peut plus voler.
dormir sous son aile
enlever une pierre
La pierre l'empêche de voler.

La faucille te portera bonheur.
(porter bonheur à qn)
se changer en diamant / en pièces d'or

Les actes de parole

demander qc à qn ⇔ refuser qc à qn
se moquer de qn
expliquer qc à qn
raconter qc à qn
répondre à qn
crier

Les verbes qui indiquent un mouvement / un déplacement

se mettre en route
marcher (longtemps / toute une journée)
s'arrêter
se remettre en route
arriver chez qn
rencontrer qn
(re)traverser (un ruisseau)
repartir
monter (sur une colline)

ISBN 978-3-12-525655-2

Qui a rendu la vie au chasseur mort ?

Conte africain

20 Un chasseur vit dans la forêt avec ses trois fils et sa femme. Le quatrième enfant, lui, est encore dans le ventre de la mère.
Tous les matins, le chasseur prend son arc, ses flèches et son couteau et il va dans la forêt pour chasser les bêtes sauvages. Tous les soirs, il revient avec un animal mort, sa femme le prépare et tout le monde mange à sa faim !
Un soir il ne rentre pas.

21 Les fils s'inquiètent mais la mère dit :
« Attendez ! Le soleil est encore à l'horizon, votre père va arriver ! »
Mais le père n'arrive pas. Le soleil se cache derrière l'horizon, le bleu de la nuit emplit la forêt, le père ne vient pas.
« Votre père est allé trop loin dans la forêt, il va dormir dans un arbre, demain matin, il reviendra ! » dit la mère.
Mais le soleil se lève, le matin est là, le père ne rentre pas.
Un jour passe encore, puis un autre, puis un autre encore et la mère dit :
« Votre père ne reviendra pas. Les bêtes sauvages l'ont certainement dévoré ! »

22 Les fils pleurent, la mère pleure et puis le temps sèche leurs larmes. Le quatrième enfant vient au monde, c'est encore un fils.
Les fils grandissent ; maintenant ils vont à la chasse dans la forêt. Ils ont oublié leur père.
La mère reste à la maison avec le petit garçon, le dernier-né. Lui qui n'a jamais connu son père, il parle, il parle… Il pose sans cesse des questions :
« Mère, où est notre père ?... »
Et la mère répond aux questions, ainsi elle n'oublie pas le père.
Un jour, le dernier fils, le quatrième, décide de partir dans la forêt pour chercher son père.
Ses frères l'accompagnent parce qu'il est trop jeune pour aller seul dans la forêt. Ils marchent, ils marchent… Ils vont loin, loin, toujours plus loin dans la forêt !

Tout à coup, ils aperçoivent dans l'herbe… un arc. Un peu plus loin, ils voient un couteau ; ils reconnaissent les armes de leur père ! Plus loin encore, ils découvrent des ossements.

Le premier fils s'approche des ossements, les remet en ordre et prononce des paroles magiques :
« Que le squelette de mon père se reforme comme il était quand il était vivant ! »
Et voilà le squelette qui se tient debout devant les fils !
Le deuxième fils s'approche du squelette, le touche, prononce des paroles magiques :
« Que le squelette de mon père se recouvre de chair et que le sang coule à nouveau dans ses veines ! » et voilà le cadavre du père debout devant les fils !
Le troisième fils s'approche du corps, souffle sur lui, prononce des paroles magiques :

« Que le corps de mon père retrouve le souffle 23
et le mouvement ! »

Et voilà le père debout devant eux : Il respire, il bouge, il est vivant !
Ils l'embrassent et ils rentrent tous ensemble à la maison.

ISBN 978-3-12-525655-2

Ce soir-là, tout le monde fait la fête pour le retour du père !
Un peu plus tard dans la nuit, les fils vont vers le père et lui demandent :
« Père, tu es vivant, c'est grâce à qui, auquel d'entre nous ? »
Le premier dit : « Moi, j'ai reformé ton squelette sans quoi tu ne pourrais pas tenir debout ! »
Le second dit : « Père, tu es vivant grâce à moi ! Moi, j'ai couvert tes os de chair et fait couler le sang dans tes veines ! Sans cela, tu n'aurais pas de corps ! »
Le troisième affirme : « Père, tu es vivant grâce à moi ! J'ai appelé sur toi le souffle et le mouvement ! C'est cela la vie ! »

Le père remercie ses fils l'un après l'autre. Puis **24**
il se tourne vers le quatrième fils, le plus jeune et il lui sourit :
« En vérité, c'est lui qui m'a rendu la vie…
Sans ses questions incessantes, je serais resté mort, englouti dans l'oubli ! »

ISBN 978-3-12-525655-2

Qui a rendu la vie au chasseur mort ?

La vie dans la forêt

les arbres, l'herbe f
chasser = aller à la chasse
les bêtes sauvages : un tigre, un lion, une antilope f, une gazelle f
les armes fpl : un arc m et une flèche, un couteau, un poignard
suivre un animal
tuer un animal
ramener l'animal mort, le préparer, manger la viande
être dévoré par une bête sauvage

Le corps

le squelette
les os mpl, les ossements mpl
le cadavre

venir au monde / mettre un enfant au monde
être vivant ⇔ être mort
revenir à la vie
rendre la vie à qn
ressusciter

Le squelette se reforme.
Le squelette se recouvre de chair.
Le sang coule dans les veines.
Le corps retrouve le souffle et le mouvement :
il respire et il bouge.
se tenir debout

Les actes de parole

pleurer
s'inquiéter
poser (sans cesse) des questions
prononcer des paroles f (magiques)
remercier qn
sourire à qn

ISBN 978-3-12-525655-2

La fille de cire

Conte de Provence

25 C'est une petite maison, toute vieille, toute grise. Une petite maison grise, au bout de la rue. Dans cette maison toute vieille, toute triste, habitent deux petits vieux, tout gris, tout tristes. Ils ne parlent plus et marchent tout lentement.
Et même la queue du chat qui dort sur l'armoire bat lentement.
Et au mur, l'horloge fait « tic… tac… » de plus en plus lentement.

Une poussière grise recouvre tout dans la maison, c'est la poussière du temps, du temps perdu, du temps passé, et des regrets :
« Nous n'avons pas d'enfants, nous n'aurons pas de petits, de petits-enfants… » semblent dire les vieux à tout moment. « Pas de rires dans la maison, pas de jeux, pas de chansons… »

Mais une nuit, c'est peut-être une nuit de pleine lune, qui sait ? Voilà la vieille qui se lève d'un coup, elle va vers le placard de la cuisine, elle sort un grand plat, puis la farine, puis le miel, et le sucre, et de la cire et la voilà qui mélange le tout et qui pétrit et qui pétrit… Elle pétrit ses soucis, ses regrets, ses larmes et s'en débarrasse comme ça : « Han, han, han ! Voilà une grosse boule de pâte, une grosse boule bien lisse. »
Elle prend la pâte et commence à l'étaler sur la table : voilà un corps tout blanc avec une tête et un tronc et des jambes… la vieille fait « han, han » et le bruit réveille le vieux, le vieux qui vient dans la cuisine avec la vieille et il se met lui aussi au travail.

« Deux petits pieds, un, deux, trois, les orteils, 26
quatre, cinq, quelle merveille ! »
Et puis :
les mollets bien faits
les genoux tout ronds
les cuisses bien pleines
le roudoudou
la taille fine
deux petits melons
les épaules jolies
les bras bien blancs et les mains fines
le cou et le menton, le visage bien sage…
Comme ils travaillent bien, les vieux, et avec quel entrain !
À la fin, la poupée de cire est bien faite, grande comme une vraie fille !

Alors la vieille court chercher sa robe de bal d'autrefois, une tresse de cheveux blonds qu'elle a coupés un jour. Elle passe la robe à la fille, elle l'habille et lui colle les cheveux blonds de chaque côté du visage. Un peu de poudre sur le nez, du rouge sur les joues, sur les lèvres, du bleu sur les paupières. Qu'elle est jolie, la fille, la fille de cire !
Alors, le vieux et la vieille prennent la poupée, la mettent sur une chaise et placent la chaise devant la fenêtre. Et la fille est accoudée, accoudée à la fenêtre et regarde au-dehors, dans la rue, le regard un peu perdu…
Alors lentement, la poussière grise dans la maison se soulève et disparaît au-dehors…
La vieille se met à parler, à chantonner, elle fait des crêpes, des gaufres… Le vieux siffle et reprend sa pipe et même il va chercher à la cave une bouteille de vin rosé. Ils sont contents d'avoir une fille, même une fille de cire accoudée à la fenêtre…

ISBN 978-3-12-525655-2

27 Justement, un jour, le roi passe dans la rue.
Il se regarde dans les fenêtres de la rue, alors il aperçoit la fille, la fille si jolie et si sage, accoudée à la fenêtre… et c'est le coup de foudre, il est tombé amoureux !
Il rentre au château et commande quatre porteurs avec une chaise à porteur pour aller chercher la jolie fille à la fenêtre.
Les porteurs frappent à la porte de la petite maison et enlèvent la fille, la fille de cire.
La vieille pleure :
« Que va dire le roi ? Il va croire qu'on s'est moqués de lui ! Il va bien voir que c'est une fille de cire, une poupée ! »
« N'aie pas peur ! », répond le vieux, « Nous n'avons rien fait de mal ! Juste une poupée pour mettre un peu de gaieté dans notre maison ! »

Les porteurs portent, ils portent la chaise à porteur avec la fille de cire à l'intérieur, les rideaux bien tirés. Il fait chaud en Provence, surtout à midi ! Les porteurs soufflent et transpirent à grosses gouttes. Heureusement sur le bord de la route, il y a une auberge où on trouve à boire et à manger ! Et les porteurs laissent la chaise sous le grand platane de la place, à l'ombre, et s'en vont au frais dans la salle de l'auberge.
Ils mangent, ils boivent et dorment un peu.
En Provence, à midi, on fait souvent la sieste après manger.

28 Et à ce moment-là, il y a un grand silence dans les rues, même les chiens sont endormis.
C'est le moment pour les fées de sortir, de mettre le nez dans les affaires des humains.
Et justement les fées, les fées du platane, les voilà qui s'agitent : « Chhhhhhhhhh » un petit bruit comme une brise légère, hop ! Et les voilà qui glissent, qui glissent le long des feuilles, jusqu'à la chaise posée là. Les fées sont curieuses, elles tirent le rideau :
« Oh ! Quelle merveille, quelle jolie demoiselle ! Il ne lui manque que la parole ! » dit une jeune fée étourdie.
« Tu es stupide, dit une fée plus vieille, avant la parole, il lui faut la vie ! »
Les fées se disputent souvent, mais ce n'est jamais vraiment grave.

Et voilà les fées qui font leur travail, leur travail de fée. Avec leur baguette magique à la main, elles s'avancent, chacune à son tour vers la poupée et chacune fait un don.
« Je te donne : la vie » dit la plus ancienne. »
« Et moi, la parole ! »
« Et moi, la sagesse, la beauté, l'amour, l'humour, la gentillesse, la chance… ! »

Quand les quatre porteurs se réveillent, ils 29
prennent la chaise et la portent. Ils la trouvent bien lourde maintenant. Ils sont contents d'arriver au château, le roi se précipite, il ouvre la porte de la chaise et la plus jolie des jeunes filles en descend…
Le lendemain même, le mariage est célébré…
C'est un grand, un très beau mariage, comme on les fêtait autrefois en Provence.
Le vieux et la vieille bien sûr sont invités. Ils n'en croient pas leurs yeux ! La fille, leur fille de cire est vivante et bien vivante…
Elle les regarde et met un doigt sur sa bouche. « Chuuut ! Ne dites rien, à personne ! Personne ne doit savoir comment je suis devenue femme. Ce sont les fées du platane qui ont tout fait, mais elles m'ont interdit de le dire, alors n'en parlez pas, sinon je redeviendrai poupée de cire à jamais ! »

Ils ont tenu parole les deux petits vieux, ils étaient bien trop heureux !
Quand ils sont rentrés le soir, la petite maison du bord de la rue n'était plus grise et triste du tout !
Et même la queue du chat se balançait plus vite. Et L'horloge contre le mur était plus joyeuse « tic tac tic tac tic tac tic tac… ».

ISBN 978-3-12-525655-2

La fille de cire

La tristesse

une vieille petite maison
de la poussière grise
les regrets m

Une recette

sortir un grand plat d'un placard
mélanger de la farine, du miel, du sucre et de la cire
pétrir la pâte et l'étaler sur la table

L'amour et la joie

La poussière se soulève et disparaît.
chanter / chantonner ; parler ; manger ; siffler…
apercevoir une jolie fille accoudée à la fenêtre
C'est le coup de foudre !
tomber amoureux de qn
plaire à qn : Elle lui plaît. Il lui plaît.
aller chercher la fille avec une chaise à porteur
enlever la fille

Les fées du platane

faire un don
la baguette magique
devenir femme
interdire à qn de parler de qc
tenir parole

ISBN 978-3-12-525655-2

Comment le feu est arrivé sur la terre

Conte de Basse-Normandie

30 Il y a longtemps, très longtemps, il n'y avait pas de feu sur la terre.
« Il faut aller chercher le feu chez le Soleil ! » dit quelqu'un.

Alors on pensa aux oiseaux. Mais le Soleil était loin, bien loin, si loin, trop loin. Les gros oiseaux refusèrent, les moyens aussi. Même l'alouette refusa.
À la fin, la petite rebette déclara :
« Puisque personne ne veut y aller, j'irai, moi ! »
« Mais tu es si petite, tes ailes sont si courtes, tu ne pourras pas arriver jusqu'au Soleil ! »
« Je veux essayer et si je meurs en chemin, tant pis ! »

Et voilà la petite rebette qui vola si bien, si longtemps, qu'elle arriva chez le Soleil.
Le Soleil était bien étonné de la voir. Il dit : « Si je te donne du feu, tu brûleras tes plumes! »
Mais la rebette insista tant et tant, qu'à la fin, le Soleil lui donna du feu.
« Fais bien attention, petite rebette, ne vole pas trop vite, sinon le feu pourrait prendre à tes plumes ! »

Au début, la rebette ne volait pas trop vite, elle était bien prudente ! Mais juste avant d'arriver sur la terre, elle était si pressée et elle voyait tous les oiseaux qui la regardaient en-bas. Elle oublia ce que le Soleil avait dit. Elle se mit à voler, vite, très vite, trop vite ! Le feu prit à ses plumes et quand elle arriva sur la terre, elle était toute brûlée, elle n'avait plus de plumes.

Alors, pour la remercier d'avoir amené le Soleil sur la terre, les oiseaux l'entourèrent et chacun lui donna une de ses plumes pour la couvrir.

C'est pour cela, que depuis ce temps-là, la robe de la rebette est toute tachetée. Ce sont les plumes des autres oiseaux qui font des tâches de couleurs différentes.

Un seul refusa : c'était le chat-huant. Pour le punir, tous les oiseaux se jetèrent sur lui et le forcèrent à regagner son trou.
Voilà pourquoi le chat-huant est toujours seul et ne sort que la nuit.

ISBN 978-3-12-525655-2

Comment le feu est arrivé sur la terre

***Les oiseaux** m*

les ailes *f*
les plumes *f*
un nid
un œuf

aller chercher le feu
= amener le soleil sur la terre

brûler les plumes
= le feu prend à ses plumes

la rebette
l'alouette *f*
le chat-huant

la tache
la robe est tacheté

voler
se mettre à voler
s'envoler

***Les épreuves** f*

exposer un problème
rencontrer une difficulté
surmonter une difficulté
avoir du courage
être aidé par / recevoir l'aide de
un malheur arrive
dépasser le malheur
résoudre le problème

***Les valeurs** f*

courageux,-se	le courage	⇔	lâche	la lâcheté
persévérant,e	la persévérance			
solidaire	la solidarité / l'amitié *f*		égoïste	l'égoïsme *m*
gentil,-lle	la gentillesse		méchant,e	la méchanceté
compatissant,e	la compassion / la pitié		dur,e	la dureté
reconnaissant,e	la reconnaissance		insensible	l'insensibilité *f*
prudent,e	la prudence			
modeste	la modestie		arrogant,e	l'arrogance *f*
= humble	l'humilité *f*			

ISBN 978-3-12-525655-2

Pourquoi il ne faut pas battre les enfants
ou
Comment les étoiles sont venues dans le ciel

Conte d'Amérique latine - Bolivie

31 Dans un village, les gens se réunissaient souvent le soir après leur travail, pour faire la fête. Ils travaillaient dur, et quand ils faisaient la fête, ils mangeaient, ils buvaient de la bière de maïs, ils faisaient de la musique et ils dansaient.
Les parents s'amusaient, mais les enfants, eux, ils devaient rester enfermés dans une case et n'avaient pas le droit de sortir.

Une nuit, une petite fille s'est réveillée, s'est levée et est sortie quand même pour aller voir sa maman.
Elle est venue sur la place et elle a vu une femme qui ressemblait à sa maman.
La femme chantait et dansait, elle faisait de drôles de mouvements, elle buvait, dansait, buvait encore. La petite fille la regardait, c'était sa maman mais ce n'était pas vraiment le visage de sa maman, ce n'était pas vraiment le regard de sa maman.

Et tout à coup, la femme aperçut la petite fille qui la regardait.
Elle était furieuse, et pan, pan, elle a tapé l'enfant, et elle l'a ramenée à la case vers les autres enfants, l'a jetée sur le sol et a refermé la porte derrière elle.

Comme la petite pleurait, les enfants se sont réveillés, ils l'ont questionnée et à la fin, elle a tout raconté. Les enfants ont écouté sans rien dire en regardant les larmes de la petite couler sur son visage.

Elle avait tellement mal dans son cœur que les enfants l'ont senti. Et alors ils ont décidé de sortir, de sortir de la case, tous. Ils sont sortis l'un après l'autre, on dit en file indienne justement. Le deuxième a mis les mains sur les hanches du premier, le troisième sur les hanches du deuxième et ainsi de suite. Ils ont marché comme ça, les uns derrière les autres, et en même temps, ils chantaient. C'était un chant très doux et ils marquaient le rythme avec leurs pieds. Ils sont passés devant la place où se trouvaient les adultes et les adultes, eux, ils les ont regardés passer sans oser bouger, sans oser dire un mot.

Et alors le premier des enfants a commencé à monter dans le ciel, puis le deuxième, puis le troisième et tous les autres. Ils sont montés, montés, montés très haut dans le ciel, puis ils ont disparu. Et là où ils ont disparu, on a vu apparaître les premières étoiles.

C'est depuis ce jour-là qu'on sait que les 32
étoiles au ciel, ce sont les yeux des enfants, des enfants de nos enfants qui nous regardent, nous qui sommes sur la terre, pour voir ce que nous y faisons.

ISBN 978-3-12-525655-2

Pourquoi il ne faut pas battre les enfants
ou
Comment les étoiles sont venues dans le ciel

Faire la fête

se réunir après le travail
manger et boire
faire de la musique
danser et chanter
s'amuser

Les verbes qui expriment un mouvement

disparaître ≠ apparaître
partir = s'en aller = quitter la maison
s'échapper = s'effacer
sortir en file indienne = les uns derrière les autres
marquer le rythme avec les pieds
passer devant la place
monter dans le ciel ≠ descendre

La violence parentale

être / rester enfermé,e
ne pas sortir de la case
interdire
être furieux,-se
gronder = disputer
se faire gronder = se faire disputer
punir
taper l'enfant = battre = donner une fessée à un enfant
gifler = donner une gifle / une claque
se faire taper
ramener l'enfant à la case
le jeter sur le sol
(re)fermer la porte
pleurer = sangloter
les larmes *f* coulent sur le visage
avoir mal dans son cœur
ne pas oser dire un mot
obéir ≠ désobéir

pardonner à qn
expliquer qc à qn
se réconcilier avec qn
...

ISBN 978-3-12-525655-2

1 Vocabulaire essentiel des contes

Les formules d'ouverture	***Formules finales***
« Il était une fois… » « Il y avait une fois… » « Il y a longtemps, très longtemps… » « C'est l'histoire de… »	« Et ils vécurent heureux et ils eurent beaucoup d'enfants. » « Ils vécurent heureux jusqu'à la fin de leurs jours… » « S'ils ne sont pas morts, ils vivent encore ! »
Les acteurs principaux	***Leurs qualités*** *f ou* ***défauts*** *m*
le héros / l'héroïne le chevalier le roi / la reine le prince / la princesse le serviteur / la servante un/e adversaire (le sorcier / la sorcière, le monstre, le dragon, la bête, un ogre / une ogresse, le méchant magicien…) un prétendant/e le rival / la rivale un nain / une naine l'ami(e) (celui ou celle qui aide : la fée, la bonne femme, le bon magicien, un animal…) le beau-père / la belle-mère	bon, bonne beau, belle ≠ laid,e mignon,-nne joli,e gentil,-lle ≠ méchant,e, mauvais,e courageux,-se vaillant,e ≠ lâche fort,e ≠ faible franc,-che généreux/-se ≠ avare modeste ≠ orgueilleux,-se hypocrite cruel,-lle jaloux,-se

ISBN 978-3-12-525655-2

***Leurs actions** f*

(faire) passer / subir / réussir } une épreuve

accomplir une tâche

surmonter un obstacle
se réfugier dans la forêt

faire / tenir } une promesse

accomplir un miracle
avoir une baguette magique
prononcer une formule magique
formuler / exaucer un souhait

chercher / trouver } un trésor

prendre la place de qn
gagner une récompense

demander / obtenir } la main de qn

épouser qn / se marier avec qn
célébrer le mariage / les noces *f* / un festin / une fête
avoir beaucoup d'enfants

L'analyse** f **du conte

le thème du conte / de l'histoire

les personnages principaux / secondaires
l'action principale / secondaire

le cadre de l'histoire
les étapes *f* de l'histoire
la situation de départ
les parties *f*
le déroulement
la situation finale

au premier plan
à l'arrière-plan

l'histoire *f* commence par / avec
l'histoire se déroule à / dans
l'histoire finit par / avec

ISBN 978-3-12-525655-2

2 Vocabulaire pour mieux raconter

La situation Il y a... C'est...	***Les actes** m **de parole*** dire déclarer répéter répondre accepter refuser insister céder s'écrier s'exclamer consentir
La succession temporelle d'abord ensuite puis / et puis et encore après enfin / à la fin	***Les relations** f **humaines*** consulter conseiller convaincre décider de persuader apporter amener donner reprendre rendre
***Exprimer des désirs** m* désirer vouloir souhaiter	***Les déplacements** m* aller vers aller à / chez se rendre à / chez courir à / vers / chez se précipiter à / vers / chez partir / s'en aller venir vers se mettre en route / se mettre en chemin rencontrer qn s'arrêter / faire halte repartir / se remettre en route fuir / s'enfuir revenir / retourner à / rentrer à rester

ISBN 978-3-12-525655-2

Les changements *m* **d'action** *f* commencer à se mettre à cesser de finir de s'arrêter de continuer à / de	**Les transformations** *f* se changer en / se transformer en devenir
Vivre et mourir mettre au monde / donner naissance à / accoucher de venir au monde / naître grandir être à la fleur de l'âge vieillir quitter le monde / mourir	

ISBN 978-3-12-525655-2

3 Vocabulaire de l'amour et du mariage

***Les personnages** m*

le fiancé / la fiancée
le mari / la femme
l'époux / l'épouse
le conjoint / la conjointe (vocabulaire administratif)
une famille recomposée
le beau-père / la belle-mère
les demi-frères / les demi-sœurs
un couple pacsé (origine : PACS Pacte Civil de Solidarité :
eheähnliche Lebensgemeinschaft)

***Les sentiments** m*

être amoureux,-se de qn ⇔ l'amour *m*
être heureux,-se ⇔ le bonheur
être fidèle ⇔ la fidélité

l'indifférence *f*
la haine
le malheur
l'infidélité *f*

***Les actions** f*

plaire à qn
désirer qn
aimer qn / s'aimer
avoir une relation (amoureuse)
sortir avec un garçon / une fille
se fiancer / fêter ses fiançailles
fêter / célébrer son mariage (civil et religieux) /
les noces *f* /
la cérémonie du mariage
se marier à la mairie / à l'église
devenir mari et femme
se marier avec qn / épouser qn
avoir une relation sexuelle avec qn
coucher avec qn
la contraception
prendre la pilule
vivre ensemble sans être mariés /
vivre maritalement /
se pacser
ne pas aimer / ne plus aimer
détester qn
haïr qn
tromper qn
rompre avec qn / rompre ses
fiançailles ⇔ la rupture
divorcer d'avec qn ⇔ le divorce
recommencer
refaire sa vie
se remarier

ISBN 978-3-12-525655-2

4 Le Lac de la May

33 Dans les Vosges, il est un lac. On l'appelle le Lac de la May. Mais les gens des villages alentour n'aiment pas y aller, ils n'aiment pas en parler.
Voilà pourquoi : c'est à cause d'une histoire, une histoire qui s'est passée, il y a longtemps, très très longtemps.

Ils s'appelaient Annette et Jean. Ils étaient encore bien jeunes et ils s'aimaient.
Ils s'aimaient depuis toujours, depuis l'enfance. Et c'était une jolie histoire, une très jolie histoire d'amour.
Mais quand ils ont grandi, ils sont devenus un beau jeune homme et une belle jeune fille, alors les gens, les parents leur ont interdit de se voir. Mais Annette et Jean s'aimaient si fort qu'ils ont continué à se voir, en cachette... loin des curieux et des mauvaises langues : sous le pont, derrière le moulin !

Chaque fois, Jean sortait de sa poche une petite flûte qu'il avait fabriquée lui-même dans un roseau, et il se mettait à jouer. Il jouait toujours le même petit air... Oh, c'était même pas un air, deux ou trois notes tout au plus !
« La, la, la, la. La, la, la, la ».
Annette, elle, elle répondait avec une petite chanson. Oh, pas même une chanson, deux ou trois mots, tout au plus ! « Ni vous sans moi, ni moi sans vous ! ». C'était leur signe de reconnaissance, leur serment d'amour, leur petite musique à eux !

34 Par un beau matin d'été, ils s'étaient retrouvés dans la forêt. Ils marchaient main dans la main sous les arbres, quand tout à coup, ils ont aperçu quelque chose qui brillait entre les branches... « De l'eau ! Vite de l'eau, il fait si chaud ! » Ils ont couru, ils ont couru et là, au milieu de la forêt, ils ont vu un lac, un beau lac tout bleu. Ils se sont approchés, l'eau était claire, limpide même, mais les berges du lac, elles étaient toutes noires : rien n'y poussait, pas même une mousse ou un roseau !
Ils se tenaient là sur la berge, quand ils ont senti leurs jambes bien lourdes... si lourdes qu'ils ont dû s'asseoir. À peine s'étaient-ils assis, qu'ils ont senti leur tête lourde, si lourde qu'ils ont dû s'allonger. À peine s'étaient-ils couchés au bord du lac qu'ils se sont endormis !

C'est alors qu'elles sont arrivées, elles, belles, 35
étranges et câlines, tellement câlines... Elles sont sorties du lac, se sont approchées des deux jeunes gens endormis et les ont caressés. Elles les trouvaient si beaux ! Jean surtout ! Et elles l'ont caressé encore ! Elles ont tiré son corps endormi sur la berge et l'ont entraîné dans l'eau. Et elles l'ont emmené jusqu'au fond du lac pour jouer avec lui.

C'est la fraîcheur du soir qui a réveillé Annette ! Elle a ouvert les yeux, elle a cherché, elle a appelé, rien, personne ! Jean n'était plus à ses côtés ! Où était-il ?
Elle était encore bien jeune, Annette ! Elle s'est sentie perdue, là, toute seule maintenant dans cette forêt, près de ce lac étrange et Jean peut-être emporté, dévoré par les bêtes sauvages !
Elle s'est mise à pleurer.

Alors elles, elles l'ont entendue, Annette ! Et 36
elles sont sorties de l'eau, sont venues vers elle, belles, étranges, cruelles aussi. « Tu veux vraiment le revoir, ton Jean ? » Annette a fait oui de la tête. « Bien, tu le reverras, nous allons te le rendre ! Mais... à une condition ! Que tu nous donnes ta jeunesse, ta voix et la couleur de tes yeux ! » Ah oui, Annette avait des yeux, mais des yeux ! Une couleur

ISBN 978-3-12-525655-2

intense, plutôt bleue, avec des petites pointes de mauve à l'intérieur ! Elle n'avait pas le choix, Annette ! Elle a fait oui de la tête, pour la seconde fois !
Alors elles se sont retirées en riant méchamment, elle a eu encore le temps de les voir plonger dans le lac et puis, il n'y eut plus rien ! Ce fut le noir, le noir complet dans ses yeux. Elle a voulu crier, mais plus aucun son ne sortait de sa bouche. Elle a senti son dos se voûter, la peau de son visage se faner. Elle était devenue vieille, Annette, très vieille, ses cheveux et ses vêtements étaient gris maintenant. Mais, les berges du lac, elles, elles se sont couvertes de minuscules petites fleurs bleues qui avaient exactement la même couleur que ses yeux !

37 Quand Jean est sorti de l'eau, il a appelé, il a cherché Annette, il ne l'a pas trouvée. Mais là, tout près de l'endroit où il s'était endormi, il a aperçu une vieille, une femme vraiment vieille, hideuse, gesticulant devant lui, aveugle et sans voix !
Alors il a pris peur, Jean, il s'est mis à courir, loin, loin, loin de ce lac. Annette l'a entendu encore longtemps hurler son nom. Puis, désespéré, il est rentré au village, et il n'a jamais rien dit, rien raconté à personne, à personne !
Et elle, la vieille Annette, elle est restée près du lac, elle y a survécu comme elle a pu.
Elle n'espérait qu'une chose, une seule, que Jean revienne, qu'il la reconnaisse ! Mais comment ?
Alors elle a cherché longtemps, longtemps dans la boue, au bord de l'eau, et un peu plus haut aussi. Elle a fouillé dans la terre de ses vieilles mains. Elle a fini par trouver ! Oui, elle a trouvé un morceau de bois sec, un morceau de vieux roseau. Elle a creusé, elle a percé, elle a essayé de jouer… Vous vous souvenez ? La mélodie, enfin le petit air, leur petite musique à eux !

Un an plus tard, jour pour jour, il est revenu, 38
Jean, il ne l'avait pas oubliée, Annette, non ! Il a appelé, il a crié, il a cherché, rien, personne ! Juste la vieille, encore plus vieille, encore plus hideuse, une sorcière ? Il s'est approché, il voulait savoir. Alors il a vu, il a vu qu'elle tirait de sa jupe une petite chose, qu'elle la portait à ses lèvres et il a entendu… « La, la, la, la… la, la, la, la… la, la, la, la… ! » Quoi ? Mais… mais c'était leur petite musique, leur petite musique à eux. Personne d'autre ne la connaissait, cette musique !
Au même moment, une porte s'est ouverte dans le cœur de Jean. Il l'a prise dans ses bras, la vieille, la vieille Annette, et ils ont pleuré ensemble.
Une larme de Jean a coulé sur le visage d'Annette, elle en a effacé les rides, et le dos d'Annette s'est redressé.
Une larme de Jean a coulé sur le visage d'Annette, jusqu'à sa bouche. Elle a dit : « Jean, c'est bien moi, Annette ! »
Une larme de Jean a coulé sur le front d'Annette, jusqu'à ses yeux. Alors elle les a ouverts et Jean a retrouvé cette couleur intense, plutôt bleue, avec les petites pointes de mauve à l'intérieur… Au même moment, les fleurs qui couvraient la berge ont disparu, d'un coup, comme avalées par la terre.

Alors ils se sont pris la main et ils ont couru, couru, loin, loin, loin du lac.
Ils sont rentrés au village, et cette fois, ils ont raconté tout ce qui s'était passé, exactement comme cela s'était passé !

Voilà pourquoi depuis, on n'aime pas y aller au lac, au Lac de la May et on n'aime pas en parler non plus !

ISBN 978-3-12-525655-2

5 Pourquoi les femmes n'ont plus de barbe

Conte des Philippines

Il y a longtemps, très longtemps les femmes avaient une barbe comme les hommes. Quand elles avaient un bébé, elles lui donnaient du lait comme aujourd'hui. Elles prenaient l'enfant sur leurs genoux et lui donnaient à boire. En même temps, l'homme tenait la barbe de la femme, comme ça elle ne tombait pas sur le visage du bébé.

Un jour, une femme a demandé à son mari d'aller chasser car elle avait faim, même très faim. L'homme a demandé : « Si je vais chasser, qui va tenir ta barbe ? »
La femme a répondu : « Va, je vais tenir ma barbe d'une main et le bébé de l'autre ! »

L'homme est parti. La femme tenait son bébé d'une main et de l'autre elle tenait sa barbe, comme ça, la barbe ne tombait pas sur le visage du bébé.

Seulement, le bébé tétait, tétait et la femme était fatiguée, très fatiguée, de plus en plus fatiguée. Au bout d'un moment, elle s'est endormie et a lâché sa barbe. La barbe est tombée sur le visage du bébé. C'était une barbe très dure, elle a blessé le bébé qui s'est mis à hurler.

Juste à ce moment-là, le père est rentré de la chasse. Il a entendu le bébé, il s'est précipité : et il a vu la femme, le bébé, la barbe sur le visage du bébé. Alors, vite, il a pris à deux mains la barbe de la femme, il a tiré dessus et il a tiré si fort, si fort que la barbe lui est restée dans les mains…

Depuis ce jour-là, dit-on, les femmes n'ont plus de barbe, elles restent à la maison et gardent les enfants tandis que les hommes vont à la chasse !

ISBN 978-3-12-525655-2

6 La petite fourmi qui va à Jérusalem

Voici une petite fourmi qui va à Jérusalem. Elle rencontre la neige, et la neige serre la patte de la petite fourmi qui va à Jérusalem.
– O neige, que tu es forte, toi qui serres la patte de la petite fourmi qui va à Jérusalem !

Et la neige répond :
– Bien plus fort est le soleil qui me fond.
– O soleil, que tu es fort, toi qui fonds la neige qui serre la patte de la petite fourmi qui va à Jérusalem !

Et le soleil répond :
– Bien plus fort est le nuage qui me cache.
– O nuage, que tu es fort, toi qui caches le soleil qui fond la neige qui serre la patte de la petite fourmi qui va à Jérusalem !

Et le nuage répond :
– Bien plus fort est le vent qui me chasse.
– O vent, que tu es fort, toi qui chasses le nuage qui cache le soleil qui fond la neige qui serre la patte de la petite fourmi qui va à Jérusalem.

Et le vent répond :
– Bien plus fort est la montagne qui m'arrête.
– O montagne, que tu es forte, toi qui arrêtes le vent qui chasse le nuage qui cache le soleil qui fond la neige qui serre la patte de la petite fourmi qui va à Jérusalem !

Et la montagne répond :
– Bien plus forte est la terre qui me porte.
– O terre, que tu es forte, toi qui portes la montagne qui arrête le vent qui chasse le nuage qui cache le soleil qui fond la neige qui serre la patte de la petite fourmi qui va à Jérusalem !

Et la terre répond :
– Bien plus fort est Dieu qui m'a faite.
– O Dieu, que tu es fort, toi qui as fait la terre qui porte la montagne qui arrête le vent qui chasse le nuage qui cache le soleil qui fond la neige qui serre la patte de la petite fourmi qui va à Jérusalem !

Et Dieu a pitié de la petite fourmi qui va à Jérusalem.
Il dit :
– Terre, tremble !

La terre tremble. La montagne s'écroule. Le vent passe. Le nuage s'en va. Le soleil brille. La neige fond. Et la petite fourmi retire sa patte et va à Jérusalem.

ISBN 978-3-12-525655-2

Liste des pistes du CD

piste	conte		pages
01	La galette	C'est l'hiver – qui mène à la forêt…	
02	La galette	le lièvre, le loup, l'ours	
03	La galette	le renard	
04	Le singe et la banane	Dans ce pays-là - il n'écoute pas le singe…	
05	Le singe et la banane	Alors le singe – le jaguar s'éloigne.	
06	Le singe et la banane	Le singe – la mange.	
07	La vieille dans la bouteille	C'est l'histoire – mais elle oublie de remercier la fée.	
08	La vieille dans la bouteille	Quelques temps – qu'elle oublie de remercier la fée.	
09	La vieille dans la bouteille	Quelques mois plus tard - le vinaigre.	
10	La princesse souris	Il était une fois – Va voir le mur !	
11	La princesse souris	Alors le roi – qui étaient les plus…	
12	Ouagadou Gomépé	Il y a longtemps – le nom de l'arbre	
13	Ouagadou Gomépé	Et voilà le lion – il a tout oublié	
14	Ouagadou Gomépé	La tortue hoche – il a tout oublié.	
15	Ouagadou Gomépé	La tortue hoche – elle a tout oublié.	
16	Ouagadou Gomépé	La tortue soupire – ce rêve !	
17	La fée Renarde	Il était une fois – longtemps…	
18	La fée Renarde	Le soir suivant – pas de fruits. »	
19	La fée Renarde	Et la fée Renarde parla ainsi – poissons !	
20	Qui a rendu la vie au chasseur mort ?	Un chasseur – il ne rentre pas.	
21	Qui a rendu la vie au chasseur mort ?	Les fils s'inquiètent – où est notre père ?	
22	Qui a rendu la vie au chasseur mort ?	Et la mère – des paroles magiques :	
23	Qui a rendu la vie au chasseur mort ?	« Que le corps – la vie… »	
24	Qui a rendu la vie au chasseur mort	Sans ses questions – dans l'oubli ! »	
25	La fille de cire	C'est une petite maison – au travail.	
26	La fille de cire	« Deux petits pieds – une vrais fille !	
27	La fille de cire	Alors la vieille – tombé amoureux !	
28	La fille de cire	Il rentre – dans notre maison !	

29	La fille de cire	Les porteurs portent – la chance… ! »	
30	Comment le feu est arrivé sur la terre	Il y a longtemps – à tes plumes ! »	
31	Pourquoi il ne faut pas battre les enfants	« Dans un village – derrière elle.	
32	Pourquoi il ne faut pas battre les enfants	Comme la petite pleurait – nous y faisons. »	
33	Le lac de la May	Dans les Vosges – à eux !	
34	Le lac de la May	Par un beau matin – endormis !	
35	Le lac de la May	C'est alors – mise à pleurer.	
36	Le lac de la May	Alors elles – ses yeux !	
37	Le lac de la May	Quand Jean – petite musique à eux !	
38	Le lac de la May	Un an plus tard – en parler non plus !	

Gesamtlaufzeit: 57:05

Aufnahmeleitung: Ernst Klett Sprachen GmbH, Stuttgart
Sprecherin: Odile Néri-Kaiser
Tontechnik, Schnitt und Mischung: Ton in Ton Medienhaus, Stuttgart

Cover iStockphoto (Alija), Calgary, Alberta; **22.2** Fotolia LLC (Barney Boogles), New York; **22.5** Klett-Archiv (Bärbel Rinkler), Stuttgart; **23.2**; **23.5**; **23.8** Klett-Archiv (Bärbel Rinkler), Stuttgart; **23.8** Fotolia LLC (Mannaggia), New York; **26.6** Klett-Archiv (Bärbel Rinkler), Stuttgart; **28.3** Klett-Archiv (Bärbel Rinkler), Stuttgart; **29.9** Klett-Archiv (Bärbel Rinkler), Stuttgart; **32.3** Fotolia LLC (Purece Daniel), New York; **36.3** Klett-Archiv (Bärbel Rinkler), Stuttgart; **77.2**; **77.4**; **77.5**; **77.6**; **77.7**; **77.9** Klett-Archiv (Bärbel Rinkler), Stuttgart; **77.4** Fotolia LLC (Barney Boogles), New York; **77.8** Fotolia LLC (Mannaggia), New York; **78.1**; **78.2**; **78.4** Klett-Archiv (Bärbel Rinkler), Stuttgart; **78.6** Fotolia LLC (B Palmer), New York; **78.8** iStockphoto (Biterbig), Calgary, Alberta; **79.5**; **79.6**; **79.7**; **79.9** Klett-Archiv (Bärbel Rinkler), Stuttgart; **80.9** Klett-Archiv (Bärbel Rinkler), Stuttgart; **81.4**; **81.5**; **81.8** Klett-Archiv (Bärbel Rinkler), Stuttgart; **83.a**; **83.c**; **83.h** Fotolia LLC (A. Elmo), New York; **83.b** Fotolia LLC (Purece Daniel), New York; **83.d**; **83.i** Fotolia LLC (Roman Dekan), New York; **83.e** Fotolia LLC (Anton Brand), New York; **83.f** iStockphoto, Calgary, Alberta; **83.g** Fotolia LLC (NL Shop), New York; **83.j** Fotolia LLC (Carolyn McFann), New York; **84.3** Fotolia LLC (Purece Daniel), New York; **94.3** Klett-Archiv (Bärbel Rinkler), Stuttgart; **94.4** Fotolia LLC (Christian Staebler), New York; **94.6** Fotolia LLC (A. Elmo), New York; **94.7** Fotolia LLC (A. Elmo), New York; **94.9** Fotolia LLC (Ntnt), New York

Nicht in allen Fällen war es uns möglich, den Rechteinhaber der Abbildungen ausfindig zu machen. Berechtigte Ansprüche werden selbstverständlich im Rahmen der üblichen Vereinbarungen abgegolten.